Nicole

Buch

Es scheint nicht schwer zu sein, Beziehungen zu anderen Menschen anzuknüpfen. Sie aber zu vertiefen und auf eine solide Grundlage von Vertrauen und Liebe zu stellen, muß erst gelernt werden.
Fehlendes Verständnis für die Zärtlichkeitsbedürfnisse der anderen, zu wenig Rücksichtnahme und mangelnde Bereitschaft, aufeinander zuzugehen, sind für Leo Buscaglia die Hauptursachen dafür, daß sich viele Menschen fremd gegenüberstehen. Er will mit diesem Buch dabei helfen, daß wir sowohl unsere eigenen Bedürfnisse nach Wärme, Zuneigung und Vertrautheit wie auch die unserer Mitmenschen erkennen, um damit Verhaltensweisen entwickeln zu können, die gegenseitige Liebe und Achtung fördern.

Der Autor

Leo Buscaglia ist Professor für Erziehungswissenschaften an der Universität von Südkalifornien, beliebter Vortragsreisender und Mitarbeiter bei Rundfunk und Fernsehen. In seinen Büchern beschreibt er den Weg zu einer ganzheitlichen Persönlichkeit, die die Herausforderungen des Lebens über die Liebe zu allem Existierenden annimmt.

Von Leo Buscaglia liegen im Goldmann Taschenbuch Verlag vor:
Leben – Lieben – Lernen.
Brücken Bauen – nicht Barrieren. (14002 und 10362)
Ganz Mensch sein.
Die Kunst, mit sich selbst Freundschaft zu schließen (14010)
Das Elixir des Lebens.
Liebe – das große Abenteuer (14021)

Als Hardcover ist im Frühjahr 1987 erschienen:
Liebe das Leben – das Leben liebt Dich! (30083)

LEO BUSCAGLIA

Einander lieben

_Die Kunst, menschliche
Beziehungen zu vertiefen –
wie man lernt,
Liebe zu schenken
und zu erleben_

GOLDMANN VERLAG

*Dieses Buch ist den Mitgliedern meiner Familie gewidmet,
bei denen alles angefangen hat.
Es ist auch denen gewidmet, die mir halfen,
es zusammenzustellen.
Dank schulde ich aber auch den mehr als 600 Menschen,
die sich Zeit nahmen, mir auf meinen langen, nicht gerade
einfachen Fragebogen zu antworten, und mich so an ihren
persönlichen Erfahrungen und an ihren Gedanken über
liebevolle Beziehungen teilhaben ließen.
Ich liebe euch alle!*

LEO

Der Goldmann Verlag
ist ein Unternehmen der Verlagsgruppe Bertelsmann

Made in Germany · 5/89 · 2. Auflage
Genehmigte Taschenbuchausgabe
© 1984 by Leo F. Buscaglia, Inc.
Alle deutschsprachigen Rechte bei Goldmann Verlag, München.
Die Hardcover-Ausgabe erschien 1986 im Scherz Verlag,
Bern, München, Wien
Titel der Originalausgabe: »Loving Each Other«
Umschlaggestaltung: Design Team München
Druck: Elsnerdruck, Berlin
Verlagsnummer: 14039
Herstellung: Gisela Ernst/AS
Lektorat: Michael Görden/JJ
ISBN 3-442-14039-0

Inhalt

Vorwort

Jeder von uns ist ein Engel mit nur einem Flügel. Und wir können nur fliegen, wenn wir uns umarmen.

LUCIANO DE CRESCENZO

Warum fürchten wir uns so sehr davor, einander zu lieben?

Dieses Buch handelt von Liebe, Zärtlichkeit, Mitgefühl, Anteilnahme, Mitteilen und Beziehung – von den vitalsten menschlichen Verhaltensweisen. Ohne diese Fähigkeiten wäre unser Leben leer, auch wenn wir uns der besten Gesundheit erfreuten, in den schönsten Häusern wohnten und über ansehnliche Bankkonten verfügten. Doch obwohl wir das wissen, verwenden wir allzuwenig Zeit darauf, diese Verhaltensweisen in uns zu entwickeln. Ja, wir leben in einer Gesellschaft, in der Worte wie Liebe und Verpflichtung als sentimentaler, altmodischer Unsinn angesehen werden. Die Skeptiker sind allzugern bereit, sich mit zynischen und verletzenden Worten über die lustig zu machen, die auch heute noch von gebrochenen Herzen, von verzweifelter Einsamkeit und von der geheimnisvollen Kraft der Liebe sprechen.

Wenn du liebst, hält man dich für naiv. Wenn du glücklich bist, betrachtet man dich als leichtfertig und simpel. Wenn du großzügig und altruistisch bist, machst du dich verdächtig. Wenn du bereit bist, anderen zu verzeihen, hält man dich für schwach. Wenn du anderen vertraust, betrachtet man dich als einen Dummkopf. Und wenn du alle diese Eigenschaften hast, dann halten dich die Leute ganz sicher für einen Schwindler. Diese frivole Haltung hat viel damit zu tun, daß sich eine Gesellschaft entwickelt hat, in der die Menschen zu gleichgültigen und unverbindlichen Personen geworden sind, die in ihrem intellektuellen Hochmut nicht zugeben wollen, wie verwirrt und unglücklich sie sich fühlen, und die dabei zu sehr in ihr Ego verstrickt sind, um eine Veränderung zu riskieren. Diese Haltung hat die Isolation verstärkt und den Sinn für die menschlichen Grundwerte geschwächt. Und das, obwohl in den letzten Jahren eine umfangreiche wissenschaftliche Literatur entstanden ist, die nachweist, daß zwischenmenschliche Beziehungen *doch* wichtig sind, daß Intimität *tatsächlich* notwendig ist, um ein gutes, schöpferisches Leben zu führen, daß eine liebevolle Berührung oder ein herzliches Lachen *wirklich* heilsam sein können und daß Beziehungsfähigkeit körperliches, geistiges und seelisches Wohlbefinden *fördert*. Zeitgenössische Philosophen und Wissenschaftler wie Ashley Montagu, Carl Rogers, A. H. Maslow, Harold Bloomfield, Elisabeth Kübler-Ross, Desmond Morris, James Lynch, Theodore Isaac Rubin, Margaret Mead, Norman Cousins, David Viscott, Clark Moustakas, William Menninger, Melanie Klein, C. S. Lewis, Nathaniel Branden und andere haben in ihren Schriften und Forschungsberichten trotz aller Kritik ausdrücklich erklärt, daß eine Gesellschaft, in der diese menschlichen Grundbedürfnisse unerfüllt bleiben, verloren ist.

Unsere zunehmende Unfähigkeit, zwischenmenschliche Beziehungen zu unterhalten, nimmt erschreckende Ausmaße an. Sehr bald wird die Familie, in der beide Eltern mit den Kindern zusammenleben, die Ausnahme sein. Die Ehe, große Familien und langjährige Freundschaften kommen immer mehr aus der Mode. Bedeutungslose und flüchtige sexuelle Beziehungen werden als Norm angesehen und sogar als nützlich für die Lösung von Problemen in Ehekrisen empfohlen. Man glaubt, schmerzliche Erfahrungen vermeiden zu können, wenn man sich nicht emotional engagiert und sich gegenüber anderen distanziert. Die Vernachlässigung und Mißhandlung von Kindern und alten Menschen werden immer häufiger. Gesellschaftliche und religiöse Institutionen, die in früheren Zeiten die Verhaltensnormen bestimmten und die Menschen einander näher brachten, werden bewußt entwertet. Individualismus, Unabhängigkeit und persönliche Freiheit werden höher geschätzt als Liebe, menschliche Bindungen und Zusammenarbeit.

Es ist keine leichte Aufgabe, den komplexen Vorgang des Einander-Liebens zu untersuchen (das dynamische und wechselvolle Verhalten von zwei oder mehr einzigartigen und in sich geschlossenen Persönlichkeiten, die übereingekommen sind, eine Bindung oder Verpflichtung auf längere Zeit einzugehen). Das ist jedoch der Zweck dieses Buches. Ich halte es für lebenswichtig und notwendig, das zu tun; denn es gibt nur wenige konkrete Untersuchungen der Dynamik der Liebe. Ohne dieses Wissen werden unsere Beziehungen damit enden, daß wir einander hassen und fürchten, uns in die Einsamkeit zurückziehen und aus Unwissenheit gegenseitig verletzen. Zum Glück können wir uns jedoch auch anders entscheiden.

Auch mein Leben hat wie das aller Menschen, die ich kenne, bisher aus einer langen Reihe guter und schlechter, miteinander verwobener menschlicher Beziehungen bestanden. Sie alle sind wertvoll für mich gewesen; denn ich habe es vor allem diesen Beziehungen zu verdanken, daß ich meine frühe Kindheit überlebt habe, aufgewachsen bin, die Zeit des Heranwachsens beenden konnte und mich im Verlauf eines dynamischen Prozesses zum reifen Menschen entwickeln durfte. Diese Beziehungen haben mich gelehrt, mit Niederlagen fertig zu werden und meine Angst zu überwinden. Sie haben mir geholfen, meinen Geist zu befreien und die Angst vor der Liebe zu verlieren. Die Beziehungen zu anderen Menschen geben mir auch heute noch alle wesentlichen Anregungen; durch sie bleibe ich offen, neugierig, lernbegierig und zu Veränderungen bereit. Heute verstehe ich besser als je zuvor, was der Dichter W. H. Auden meinte, als er sagte: «Wir müssen einander lieben oder sterben!»

Wird es nicht Zeit, daß wir unser kleinliches Ego vergessen, nicht mehr befürchten, sentimental oder naiv zu erscheinen, und uns alle in unserem universellen Bedürfnis nach dem anderen zusammenschließen? Warum fällt es uns so schwer, einander ohne Angst und leidenschaftlich zu umarmen und zu sagen: «Menschliches Wesen, nimm meine menschliche Hand»?

Es gibt eine wunderschöne Fabel von einem jungen Mädchen, das über eine Wiese geht und einen Schmetterling sieht, der auf einem Dorn aufgespießt ist. Vorsichtig befreit das Mädchen den Schmetterling und läßt ihn fliegen. Der Schmetterling kehrt zurück und verwandelt sich in eine schöne gute Fee. «Ich möchte deine Güte damit belohnen, daß ich dir deinen größten Wunsch erfülle», sagt die Fee. Das Mädchen denkt einen Augenblick nach und erwidert: «Ich möchte glücklich sein.» Die Fee beugt sich zu dem Mädchen hinunter, flüstert ihm etwas ins Ohr und verschwindet.

Das Mädchen wächst zur jungen Frau heran, und niemand im ganzen Land ist glücklicher als sie. Wenn sie nach dem Geheimnis ihres Glücks gefragt wird, lächelt sie nur und sagt: «Ich habe auf eine gute Fee gehört.»

Die junge Frau wird alt, und ihre Freunde und Nachbarn fürchten, ihr Geheimnis könne mit ihr sterben. «Bitte erzähle uns doch, was die Fee dir gesagt hat.» Die liebenswürdige alte Dame aber lächelt nur und sagt: «Sie hat mir gesagt, jeder, und mag er auch noch so sicher scheinen, braucht mich!»

Wir alle brauchen einander.

Präambel

So aufrichtig wir uns auch darum bemühen mögen, unsere Differenzen beizulegen, und so stark der Wunsch auch sein mag, vergangenes gemeinsames Glück von neuem zu beleben, in manchen menschlichen Beziehungen wird das Ringen darum so schmerzlich, daß dieser Schmerz alles andere übertönt und die Welt mit all ihrer Schönheit uns den Verlust nur noch deutlicher spüren läßt, weil sie in einem so grausamen Gegensatz zu dem steht, was wir empfinden.

DAVID VISCOTT

Wir sind nicht schlecht, unfähig oder unzulänglich, wenn unsere Beziehungen scheitern. Vielleicht haben wir uns einfach zu sicher gefühlt, waren nicht richtig auf sie vorbereitet oder zu unrealistisch in unseren Erwartungen. Nicht alle Beziehungen sind die richtigen. Solange sich Wertbegriffe verändern, Einsichten erweitern, Menschen ihr Innerstes nicht preisgeben und das menschliche Verhalten unberechenbar bleibt, werden wir Fehler machen.

Eine gute Beziehung läßt sich daran messen, wie sehr sie ein optimales intellektuelles, emotionales und spirituelles Wachstum fördert. Wenn daher eine Beziehung destruktiv wird, unsere menschliche Würde gefährdet, unser Wachstum behindert, uns fortwährend deprimiert und demoralisiert – und wir alles getan haben, um sie zu erhalten –, dann müssen wir diese Beziehung schließlich abbrechen, wenn wir nicht Masochisten sind und uns am Unglück freuen.

Wir passen nicht zu jedem, und nicht jeder paßt zu uns. Hier lautet die Frage: «Wenn wir mit dem anderen nicht auskommen können, ist es dann wenigstens möglich, ihn nicht zu verletzen? Gibt es zumindest eine Möglichkeit der Koexistenz?»

Das Märchen

Märchen haben uns vergiftet.

ANAÏS NIN

Böse Märchen können Gift verspritzen.

DENIS DE ROUGEMONT

Viele der von den Brüdern Grimm gesammelten deutschen Volksmärchen enden mit dem Satz: «Und wenn sie nicht gestorben sind, dann leben sie noch heute.» Die sehr freie englische Übersetzung dieses Satzes lautet: «And they lived happily ever after» (und dann hat das Glück sie nie mehr verlassen).

Das ist das unsterbliche Märchen von der ewigen Liebe. Es ist die phantastische Vorstellung, daß der Liebende, dem es gelingt, eine auf Liebe gegründete menschliche Beziehung herzustellen, damit alle Probleme löst, die das Leben ihm stellt, und die Garantie hat, jetzt und in alle Ewigkeit glücklich zu sein. Es ist ein reizendes Märchen. Die Wirklichkeit geht sehr viel härter mit uns um. Aber wir wollen an Märchen glauben. «Und dann hat das Glück sie nie mehr verlassen – das ist», wie Joshua Liebman sagt, «einer der tragischsten Sätze in der Literatur. Dieser Satz ist tragisch, weil er die Unwahrheit über das Leben sagt und ungezählte Generationen veranlaßt hat, von der menschlichen Existenz etwas zu erwarten, was es auf dieser brüchigen, mangelhaften, unvollkommenen Erde nicht geben kann.»

Ich weiß noch heute, wie stark mich ein Fernsehinterview der Schauspielerin Helen Hayes beeindruckt hat, die von John Callaway befragt wurde. Die 82jährige Mrs. Hayes saß aufrecht in ihrem Stuhl im Garten ihres New Yorker Hauses, und ihr Gesicht strahlte eine innere Kraft aus, die der Ausdruck eines erfüllten und würdevollen Lebens ist. Mr. Callaway stellte ihr viele sehr persönliche Fragen. Das brachte sie nicht aus der Fassung, bis er ihre stürmische Ehe mit dem Schriftsteller Charles MacArthur erwähnte und meinte, sie habe wahrscheinlich keinen einzigen vollkommen glücklichen Tag gekannt. Sie sah ihn ruhig an und erwiderte mit großer Würde dem Sinne nach: «Vielleicht keinen ganz glücklichen Tag… aber ich habe Augenblicke großer Ekstase erlebt.»

Viele von uns haben im Umgang mit anderen ebenso wie Mrs. Hayes glückliche und frohe Stunden erlebt. Vielleicht sind einigen von uns sogar ekstatische Augenblicke geschenkt worden. Doch sie wurden nur allzuoft von Zeiten der Einsamkeit, der Verwirrung, der Enttäuschung und vielleicht sogar der Verzweiflung unterbrochen. Menschen, von denen wir den Eindruck haben, sie hätten ihr Leben gemeistert, haben anscheinend gar nichts anderes erwartet. Anne Morrow Lindbergh bestätigt das, wenn sie schreibt:

Wenn du einen Menschen liebst, dann liebst du ihn nicht ununterbrochen, nicht in genau der gleichen Weise und nicht in jedem Augenblick. Das ist unmöglich. Es ist sogar eine Lüge, wenn wir es behaupten. Und doch ist es gerade das, was die meisten von uns verlangen. Wir haben zu wenig Vertrauen zur Ebbe und Flut des Lebens, der Liebe und der menschlichen Beziehungen. Wenn die Flut kommt, stürzen wir uns ihr entgegen und wehren uns verzweifelt gegen die Ebbe. Wir fürchten, die Flut werde nie zurückkehren. Wir verlangen Beständigkeit, Dauer und Kontinuität, doch die einzig mögliche Kontinuität im Leben wie in der Liebe liegt im Wachsen, in der Unbeständigkeit – in der Freiheit.

Das zu begreifen ist nicht leicht. Wenn wir lernen wollen, mit anderen zusammen zu leben und sie zu lieben, dann müssen wir ebensoviel Geschick entwickeln wie ein Chirurg, ein Architekt oder ein Meisterkoch, die nicht davon träumen würden, ihren Beruf auszuüben, ohne die dafür notwendigen Kenntnisse erworben zu haben. Doch obwohl wir uns so leicht aus dem Gleichgewicht bringen lassen und so schlecht vorbereitet sind, schließen wir Freundschaften, heiraten und gründen Familien, ohne über das nötige Werkzeug zu verfügen, das wir brauchen, um den gewaltigen Anforderungen zu genügen, die auf uns warten. Es darf uns daher nicht überraschen, daß Beziehungen, die wir freudig und mit großer Naivität beginnen, oft mit Ernüchterung, Bitterkeit und Verzweiflung enden. Die anfängliche magische Aura scheint irgendwo im Alltag unserer Existenz zu verblassen. Wir alle kennen das Gefühl, von einer neuen Bekanntschaft völlig bezaubert und fasziniert zu sein, und haben es erlebt, daß wir uns schon nach wenigen Wochen erstaunt fragen, was wir in diesem Menschen Besonderes gesehen haben. Wir wissen auch, daß die Zahl der Scheidungen in einem erschreckenden Maß zugenommen hat. Seit Januar 1983 wurde zum Beispiel in den USA bereits jede zweite Ehe wieder geschieden. Nach offiziellen Statistiken wird ein Drittel aller Kinder in den Vereinigten Staaten nur von einem Elternteil erzogen. Obwohl wir alle ständig von anderen Menschen umgeben sind, sind Depressionen, die durch das Gefühl der Isolation und Einsamkeit verursacht werden, gegenwärtig die große amerikanische Krankheit. Die Zahl der Selbstmorde unter jungen und alten Menschen nimmt ständig zu. Und doch kommen wir nicht auf die Idee, nach den Gründen zu fragen, diese bedrohliche Situation zu erforschen, zu analysieren und Lösungen zu finden, die uns zu friedlicheren und dauerhafteren menschlichen Beziehungen führen könnten.

Vor einiger Zeit schrieb mir eine Frau aus Vermont, ihre 18jährige Ehe sei zu einem leeren Schwindel geworden, und es lohne sich nicht, sie fortzusetzen. In dem Brief hieß es: «Ich habe nichts mehr zu geben. Ich bin vollkommen ausgelaugt. Ich fühle mich verbraucht. Ich hasse die vergangenen 18 Jahre. Sie haben für mich jede Bedeutung verloren. Ich verachte unser gemeinsames Leben. Alle diese Jahre haben uns nichts gebracht; sie haben mir alles genommen und nichts gelassen. Welche nutzlose Verschwendung!» Ein Mann aus Texas schrieb mir: «Ich weiß nicht, was geschehen ist. Als wir heirateten, habe ich sie doch geliebt. Am Anfang habe ich den ganzen Tag an sie gedacht. Aber mit den Jahren fing ich an, mich zu langweilen. Es gibt keine Überraschungen mehr. Das Zusammenleben macht uns anscheinend keine Freude mehr, und jedes Jahr haben wir weniger miteinander zu teilen. Ihre Gegenwart stört mich, und ich freue mich nicht mehr darauf, nach Hause zu kommen. Jeden Tag vergehen viele Stunden, ohne daß ich an sie denke, und im Lauf der Jahre wird diese Zeit immer länger. Erst wenn der Tag zu Ende ist und ich nach Hause fahren muß, denke ich wieder an sie.»

Eine ältere Frau, die zu einem meiner Vorträge gekommen war, sagte mir: «Ich habe keine Freunde mehr. Ich weiß nicht, wo sie geblieben sind. Ich weiß nicht, was ich tun soll. Ich weiß nur, daß es keinen Menschen gibt, mit dem ich reden kann. Niemand geht mit mir aus oder schreibt mir einen Brief. Niemand scheint meine Gesellschaft zu wollen oder zu brauchen. Ich habe alle meine Freunde überlebt. Meine Verwandten sind über das ganze Land verstreut. Ich fürchte mich vor dem Alleinsein.»

In einer Zeitung in Los Angeles erschien vor einiger Zeit die Anzeige einer Agentur mit dem Angebot, auf Anfrage jedem einen «Freund» zu schicken. Dieser «Freund» wäre bereit, einem einsamen Menschen Gesellschaft zu leisten, mit ihm zu reden oder einem Kranken oder Sterbenden die Hand zu halten. Natürlich würde diese Freundschaft nur so lange dauern, wie man etwas dafür bezahlen könne.

Ich weiß von einer körperbehinderten Frau, die sehr viel allein ist und, um den Kontakt mit einem menschlichen Wesen aufzunehmen, die telefonische Auskunft oder die Zeitansage anruft. «Da spricht wenigstens eine menschliche Stimme zu mir», sagte sie. Doch inzwischen erfolgt die Zeitansage über einen Computer, und die Telefongesellschaft bittet ihre Kunden, die Auskunft nur anzurufen, wenn es dringend notwendig ist.

Es gibt Leute, die regelmäßig die Talkshows im Fernsehen besuchen und bereit sind, stundenlang zu warten, nur um ein kurzes Gespräch mit dem Showmaster zu führen, so flüchtig und oberflächlich diese Begegnung auch sein mag. Es gibt Häuser oder Wohnungen, in denen das Fernsehgerät niemals abgestellt wird. Es ersetzt den Gesprächspartner.

So viele Briefe, die ich bekomme, sprechen von der schmerzlichen Isolation, der Freudlosigkeit und Leere eines Lebens ohne die Möglichkeit, es mit anderen zu teilen.

Es ist immer wieder das gleiche Thema: «Wie kann ich Beziehungen zu anderen aufnehmen und dafür sorgen, daß sie wachsen und liebevoll bleiben?»

Eine wahre Liebesgeschichte

Papa wurde 1888 in einem kleinen Dorf südlich der Schweizer Grenze in den italienischen Alpen geboren. Das Dorf war so klein, daß ich es auf der Karte des Automobilclubs nicht finden konnte, als ich viele Jahre später meine Verwandten dort besuchte.

Mama wurde im gleichen Jahr, nur einen Monat früher, in einer größeren Stadt in der Nähe dieses Dorfes geboren. Als meine Eltern aufwuchsen, bestand diese italienische Region, das Piemont, aus einem Hügelland, in dem Wein angebaut wurde. Die Menschen lebten in Bauernhäusern aus roten Ziegeln in verstreuten kleinen Dörfern mit nur wenigen hundert Bewohnern. In der Heimatstadt meiner Mutter gab es sogar ein «Schloß» oder was die Leute für ein Schloß hielten. In Wirklichkeit war es eine große Villa, in der «Il Padrone» lebte, der Besitzer der einzigen Fabrik in dieser Stadt. Heute haben sich Olivetti und Fiat hier niedergelassen und dem ganzen Gebiet ihren Stempel aufgedrückt, aber in den kleinen Dörfern hat sich kaum etwas verändert. Meine Verwandten leben noch in den Häusern, in denen meine Eltern, Tulio und Rosa, geboren wurden. Doch jetzt gibt es elektrisches Licht und fließendes Wasser, und an den früher offenen Fenstern sind Fliegengitter angebracht, um die Hausbewohner im Sommer vor lästigen Insekten zu schützen.

Mama und Papa hatten nur die Volksschule besucht, aber interessanterweise hat das anscheinend genügt, um sie zu eifrigen Lesern werden zu lassen, mit einer tiefen Ehrfurcht vor Gelehrsamkeit und Bildung. Mama konnte lange Passagen aus den Werken von d'Annuncio und Dante zitieren. Ihr Lieblingsroman war Manzonis klassisches Werk «I Promessi Sposi» (Die Verlobten), und sie hat uns oft daraus vorgelesen. Ihre ganze Liebe gehörte der Oper, besonders den Werken von Puccini, und die Mimi war ihre Lieblingsrolle. Sie summte unaufhörlich die einschmeichelnden Arien aus dieser Oper. Sie waren meine Wiegenlieder. Mama hatte langes, dichtes, kastanienbraunes Haar, das ihr bis zur Taille reichte. Sie trug es in einem am Hinterkopf zusammengelegten und mit Schildpatt-Nadeln befestigten Knoten. Sie war klein und hatte große, tiefliegende Augen, die, wie ich mich deutlich erinnere, stets vor Freude oder Kummer glänzten. Sie war eine ausnehmend schöne Frau und hatte eine Schwäche für gutes Essen. Ihre Leidenschaften waren Tulio (ihr Mann), das Essen, Süßigkeiten und Kinder (nicht unbedingt in dieser Reihenfolge).

Papa war ein hochgewachsener, gutaussehender Mann mit pechschwarzem Haar, dunklen Augen, einer hellen Gesichtsfarbe und mit dem schönsten gezwirbelten Schnurrbart weit und breit. Er hat sein ganzes Leben lang hart gearbeitet, und obwohl er mit großer Liebe und Zärtlichkeit an seiner Familie hing, hat er uns finanziell immer nur knapp über der Armutsgrenze gehalten. Immer wieder wurde er zum Opfer von Konkursen, egoistischen «Freunden» und falschen Investitionen.

In Mamas Heimatstadt gab es eine Textilfabrik, in der die meisten Einwohner dieser Stadt arbeiteten. Mama bediente dort eine Spinnmaschine, und Papa war ihr Vorarbeiter. Ihre Heirat wurde von den Familien arrangiert. Obwohl sie sechs Tage in der Woche den Arbeitsplatz teilten, hat Mama, die sehr schüchtern war, es nie gewagt, Papa anzusehen. Da sie in einer Männerwelt lebten, durfte sich Papa natürlich erlauben, seine Zukünftige in Augenschein zu nehmen. Es war auch seine Aufgabe, die für das Zustandekommen der Verbindung notwendigen Schritte zu tun. Dazu setzte er sich mit den Oberhäuptern beider Familien in Verbindung. Als man sich geeinigt hatte, wurde Papa von Mamas Eltern zum Essen und zu Ausflügen eingeladen. Mama nahm zwar auch daran teil, wurde aber nie mit Papa alleingelassen. Wenn er zu Besuch kam, kochte sie die Mahlzeiten, bediente bei Tisch und wusch das Geschirr ab, aber zu einem persönlichen Gespräch kam es nie. Sie wagte auch in dieser Zeit nicht, sich den Mann anzusehen, der beschlossen hatte, sie zur Frau zu nehmen. Die anderen Mädchen in der Fabrik erzählten ihr, daß er sehr gut aussehe, aber wie sie sich später erinnerte, hat sie es erst am Hochzeitstag gewagt, ihn *wirklich* zu betrachten. Dabei stellte sie fest, daß das Schicksal ihr den richtigen Mann zugeführt hatte!

Papa war kein Abenteurer, aber er wußte, daß das Leben einem mehr zu geben hatte als die tägliche Arbeit in der Fabrik, Armut und Hunger. Sogar im Piemont hatte es sich herumgesprochen, daß Amerika das Land der unbegrenzten Möglichkeiten sei, und wie so viele seiner Zeitgenossen beschloß auch er, eines Tages dorthin auszuwandern. Ich muß oft daran denken, daß ich, wenn mein Vater diesen Entschluß nicht gefaßt hätte, heute wahrscheinlich immer noch in den Piemonteser Bergen leben und in einer Fabrik oder auf einem Weingut arbeiten würde, wo der berühmte Pasito gekeltert wird.

Das erste Kind von Tulio und Rosina, Vincenzio, wurde noch in Italien geboren. Papas Traum, nach Amerika auszuwandern, erfüllte sich erst später im Jahr 1908. Die anderen leiblichen Kinder meiner Eltern, Margarita, Carolina und Felice, wurden in den Vereinigten Staaten geboren. Im ganzen haben meine Eltern acht Kinder großgezogen (Mama nahm mit der gleichen Begeisterung fremde Kinder ins Haus, mit der Papa herrenlose Katzen und Hunde heimbrachte).

Die Ehe meiner Eltern dauerte 63 Jahre. Mama starb 1970, und Papa folgte ihr drei Jahre später. Bei seinem Tode war er 82 Jahre alt. Ist das eine romantische Geschichte? Hat das Glück sie nie im Stich gelassen? Vielleicht war es nicht ganz vollkommen – aber es hat gereicht! Was ich darüber berichtet habe, sind nur die statistischen Daten. Was wirklich zählte, war, daß sie viel miteinander gelacht haben; ich habe sie aber auch weinen gesehen. Sie haben sehr viel Spaß miteinander gehabt. Sie kämpften gegen bittere Armut und Entbehrungen, ich habe sie aber auch triumphieren gesehen. Sie haben gestritten und einander oft angeschrien. Ich habe aber auch beobachtet, wie zärtlich, fürsorglich und liebevoll sie miteinander umgingen. Ich erlebte nicht ein einziges Mal, daß sie ihr Zusammenleben mit Worten oder Taten in Frage gestellt hätten. Mama pflegte zu sagen: «Scheidung? Niemals! Mord und Totschlag, oft! Scheidung niemals!» Ich habe es damals noch nicht begreifen können, aber sie zeigten mir, wie sich eine auf Liebe gegründete menschliche Beziehung konkret verwirklichen läßt. Sie schufen die Gemeinschaft, in der ich herzlich willkommen war und aus der ich alle Kraft schöpfte; eine Gemeinschaft, zu der mit mir alle anderen Familienmitglieder, ihre Familien und Freunde gehörten. Mit ihnen erlebte ich meine ersten liebevollen Beziehungen.

Abkehr von einem Märchen

Es gibt kein Sein oder Werden ohne Beziehung. Von Anfang an spüren wir die Notwendigkeit und die Bedeutung von Verwandtschaft. Wir Menschen sind länger als alle anderen Lebewesen unselbständig und von der Fürsorge derjenigen abhängig, die uns aufziehen. Bei unserer Geburt sind wir vollkommen hilflos, und es entsteht als erstes die Beziehung zwischen Mutter und Kind. In der Folgezeit wird das Netz der Beziehungen, in das wir eingebunden sind, immer komplexer. In gewissem Sinne bringen wir unser ganzes Leben damit zu, eine Beziehung mit der nächsten zu verknüpfen, bis wir, wie die Spinne, ein vollständiges Muster geschaffen haben.

Es hat den Anschein, als könnten wir ohne solche Beziehungen zu anderen Menschen nicht überleben. Wenn uns in der Kindheit die Begegnung mit Menschen verweigert wird, die uns lieben, welken wir dahin, verfallen in Psychosen und Idiotie oder sterben. Auch als Erwachsene brauchen wir die Wechselwirkungen des Zusammenseins, um große Freude zu empfinden und entscheidend zu wachsen. Dieser Vorgang ist für uns eine Selbstverständlichkeit. Seine Bedeutung wird uns anscheinend erst bewußt, wenn wir von den Menschen, mit denen wir eng verbunden sind, getrennt werden – entweder durch den

Tod, durch eine Scheidung oder durch äußere Umstände. Es ist eigenartig, daß wir, obwohl wir wissen, wie dringend wir Beziehungen brauchen, über lange Zeiten hinweg gedankenlos und unausgefüllt durch das Leben gehen und uns dadurch noch mehr isolieren.

Ich habe mich in meinem Leben wie die meisten von uns darum bemüht, andere zu verstehen und dauerhafte Beziehungen herzustellen, und beobachtet, wie diejenigen, die ich liebte, das gleiche versucht haben. Manchmal ist es mir gelungen. Die freundschaftliche Verbundenheit mit Menschen, mit denen ich aufgewachsen bin, mit meinen Verwandten und alten Freunden, ist auch heute noch ein wesentlicher Bestandteil meines Lebens. Manchmal ist es mir auch nicht gelungen, Beziehungen aufrechtzuerhalten. Mit Wehmut denke ich an manche zurück, mit denen ich viele glückliche Tage, Monate oder sogar Jahre verbracht habe, die aber heute aus meinem Gesichtskreis verschwunden sind. Wo sind sie geblieben? Was tun sie, was denken sie? Warum ist es mir nicht gelungen, Verbindung mit ihnen zu halten? Zum Glück sind es nur wenige. Habe ich es mit ihnen leichter oder schwerer gehabt als mit anderen? Ich kann mich noch sehr gut an die Gegend im Osten von Los Angeles erinnern, in der ich aufgewachsen bin. Auf der anderen Straßenseite lebte eine Familie mit vielen Kindern, aus denen wir unsere Freunde auswählen konnten. Ich denke an den Jungen im Haus nebenan, den Sohn des Rabbi, und an unsere enge Freundschaft. Vielleicht kam es mir nur so vor, aber das Leben scheint damals viel stetiger gewesen zu sein als heute; die Menschen blieben viel länger am gleichen Ort. Überall hatten wir die Möglichkeit, Bekanntschaften zu machen, in der Kirche, in der Schule und auf dem Spielplatz, und sie blieben über viele Jahre hinweg bestehen. Hier entstand ein festes Netz von Kontakten, das uns Sicherheit und Kraft gab. Die anderen kannten unsere Namen, und wir kannten ihre. Wir alle gehörten zu einer großen Familie, in der wir allmählich unsere Identität entwickelten.

In seinem Buch «Muster der Liebe» spricht Allan Fromme von dieser gemütlichen, schnell vergehenden Zeit, wenn er schreibt:

> Unsere Großstädte mit ihrer stets wachsenden Einwohnerzahl und den Höhlenwohnungen in den Hochhäusern sind Brutstätten der Einsamkeit. Ganze Straßenzüge werden abgerissen und fallen den Bulldozern zum Opfer, und die Familien werden auf der Suche nach Arbeitsplätzen und Berufsmöglichkeiten in alle Winde zerstreut. In einer Welt der Räder sind alte und behagliche Gruppierungen von Menschen verschwunden.

Früher hatten wir auch beim Einkaufen die Gelegenheit, Bekanntschaften zu machen und Kontakte zu pflegen. Es gab noch keine bis ins letzte durchorganisierten, sterilen Supermärkte. Der Fleischer an der Straßenecke, der uns das weiße, zarte Kalbfleisch verkaufte, aus dem Mama so köstliche Gerichte machte, kannte jeden einzelnen von uns. Der Gemüsehändler schenkte uns verwelkte Kohlblätter für unsere Kaninchen. Der Mann im Delikatessenladen, der die Salami, den Schinken, die Mortadella und den Käse so aufschnitt, wie wir es brauchten, war ein Freund unserer Familie. Heute wechseln in den Vereinigten Staaten alljährlich 40 Millionen Menschen ihren Wohnsitz. Sie ziehen in unpersönliche große Städte, wo die Leute stolz darauf sind, ungestört leben zu können, weil sie nicht einmal ihre

Nachbarn mehr kennen. Sie fürchten, daß Fremde in ihre Welt eindringen könnten, hoffen aber im stillen, daß einige es doch tun werden.

Kürzlich habe ich gelesen, daß man einen jungen Mann von Mitte Zwanzig in seiner Wohnung in der Nähe der Universität von Miami, an der er studierte, tot aufgefunden hat. Er war bei Semesterbeginn zum letzten Mal gesehen worden. Als man ihn fand, war er schon zwei Monate tot. Sogar zu Weihnachten hatte ihn niemand vermißt. An seiner Wohnungstür steckten zwei Benachrichtigungen der Universität, die ihm mitteilten, daß er exmatrikuliert worden war, und sein Fernsehgerät war noch eingeschaltet.

Wir wagen es kaum noch, allein durch die Straßen zu gehen. Wir sichern uns durch komplexe Alarmsysteme, bewaffnete Wachen und Hochhäuser, in denen wir im Fahrstuhl in unser Wohnzimmer gelangen können, ohne einem anderen – guten oder bösen – Menschen begegnen zu müssen. Es wird uns zunehmend erschwert, den Kontakt zu anderen Menschen aufzunehmen, und das Aufbauen länger dauernder menschlicher Beziehungen wird immer schwieriger. Wir haben zwar oft Freunde, an denen uns etwas liegt und denen wir täglich am Arbeitsplatz begegnen, aber in einer Stadt wie Los Angeles leben sie unter Umständen 50 Kilometer von uns entfernt. Wie sollen wir diese Freundschaften unter so schwierigen Voraussetzungen pflegen? Zwar beklagt sich mancher über die zunehmende Gleichgültigkeit der Menschen untereinander, aber wir tun kaum etwas dagegen. Statt dessen verbringen wir unsere Zeit damit, das Gefühl der Leere, der Entfremdung, der Isolation und des Mangels zu kultivieren, und verurteilen die Unfreundlichkeit und Gleichgültigkeit der anderen und der Gesellschaft, die diesen Zustand verschuldet hat.

Aufbau und Pflege liebevoller Beziehungen gehört, obwohl diese für das Leben, die Gesundheit und unsere Entwicklung dringend notwendig sind, zu den kompliziertesten Aufgaben. Bevor uns das gelingt, müssen wir uns darüber klar werden, wie sie zustande kommen, was sie bedeuten und wie wir sie durch das, was wir tun und denken, fördern oder zerstören können. Das erreichen wir aber nur, wenn wir bereit sind, Zeit und Energie für die Untersuchung gescheiterter und erfolgreicher Beziehungen aufzuwenden. Wir dürfen nicht leichtfertig mit Beziehungen umgehen, die auf Liebe beruhen. Wenn wir uns nicht selbst weh tun wollen, dann müssen wir es unterlassen, auf diesem Gebiet ständig neue Versuche zu unternehmen. Allzuoft hat eine solche Leichtfertigkeit nur Tränen, Verwirrung und Schuldgefühle zur Folge. Über die in einer Ehe auftretenden Probleme schreibt Carl Rogers:

… die moderne Ehe ist zwar ein erstaunliches Laboratorium, aber die Ehepartner sind nur allzuoft in keiner Weise auf die Aufgaben in dieser Partnerschaft vorbereitet. Wieviel Kummer, Reue und Mißerfolg hätten vermieden werden können, wenn sich diese Menschen entschlossen hätten, vorher etwas über die rudimentärsten Voraussetzungen für eine glückliche Partnerschaft zu lernen.

Das gilt für *alle* menschlichen Beziehungen.

Wissenschaftliche Untersuchungen

*Der Mensch ist nur ein Netz von
Beziehungen, und nur auf sie kommt es an.*
ANTOINE DE SAINT-EXUPÉRY

*Das gebiete ich Euch, daß Ihr Euch
untereinander liebt.*
JOHANNES 15, 17

Wissenschaftler und Laien haben während der vergangenen
Jahre immer wieder das Phänomen der menschlichen Beziehungen untersucht, und die Ergebnisse haben mir er-
neut die Komplexität, das Rätselhafte und die Komik des
menschlichen Verhaltens bestätigt. Wir sind wirklich sehr
komisch. Und dazu bleiben *wir* das große Rätsel, sind
unberechenbar, verwundbar, bewundernswert und einzig-
artig. Die meisten dieser Untersuchungen kommen zu dem
Schluß, daß z. B. Sicherheit, Freude und Erfolg im Leben
in einem direkten Zusammenhang mit unserer Fähigkeit
stehen, zu anderen Menschen Beziehungen aufzunehmen,
die auf einer gewissen Verpflichtung, auf Tiefe und Liebe
beruhen. Die meisten von uns haben die Erfahrung gemacht, daß unsere Unfähigkeit, mit anderen in Harmonie
zu leben, für unsere größten Ängste und Sorgen, für unser
Gefühl der Isolation und sogar für schwere seelische Störungen verantwortlich ist. Doch trotz vieler schmerzlicher
Enttäuschungen haben nur ganz wenige von uns den Versuch unternommen, Lösungen für dieses Problem zu finden. Selbst diejenigen unter uns, die nach Nähe und mehr
Verständnis hungern, müssen auf ihrer Suche feststellen,
daß es sehr schwierig ist, Hilfe zu finden.

Zu diesem Thema gibt es eine lustige Geschichte. Sie berichtet von einem jungen Mann, der erfahren will, wie man bessere Beziehungen zu anderen Menschen herstellt. Er geht in eine Buchhandlung und findet dort nach langem Suchen ein Buch, von dem er annimmt, es könnte ihm helfen. Der Titel lautet «How to Hug» (Wie man sich umarmt). Zu Hause angekommen, muß er feststellen, daß er Band 9 (How bis Hug) eines Konversationslexikons gekauft hat!

Wenn wir niemanden finden, der uns weiterhilft, fahren wir im allgemeinen fort, blindlings schmerzliche, unbefriedigende Beziehungen einzugehen, die uns auslaugen und unser inneres Wachstum behindern. Wir stellen fest, daß uns die Kraft, das Wissen und die Kreativität fehlen, um den subtilen und komplexen Anforderungen zu genügen, die der Umgang mit anderen Menschen an uns stellt. Nach Jahrhunderten menschlichen Zusammenlebens rebellieren Kinder immer noch gegen ihre Eltern und Geschwister. Junge Ehepaare betrachten ihre Eltern und Schwiegereltern als Hindernisse für ihre Unabhängigkeit und ihre Entwicklung. Eltern halten ihre Kinder für selbstsüchtig und undankbar. Ehemänner verlassen ihre Frauen und sehen sich nach jüngeren Partnerinnen um. Verheiratete Frauen werfen sich irgendwelchen Filmschauspielern an den Hals und glauben, damit Spannung und Romantik in ihr unerfülltes Leben bringen zu können. Arbeiter hassen oft ihre Arbeitgeber und Kollegen und verbringen unerträgliche Stunden mit ihnen, Tag für Tag. Im größeren Zusammenhang fällt es Arbeitgebern und Arbeitnehmern schwer, miteinander auszukommen. Jede Seite wirft der anderen vor, engstirnig zu sein und nur die eigenen selbstsüchtigen Interessen zu verfolgen. Religiöse Gruppen zeigen sich oft intolerant und dogmatisch und predigen im Namen Gottes Haß und Rachsucht. Unter dem drohenden Schatten einer möglichen Weltkatastrophe sind ganze Nationen bereit, einander für die Verwirklichung ihrer persönlichen Rechte blind zu bekämpfen. Mitglieder dieser Gruppen beschuldigen rivalisierende Gruppen der Verständnislosigkeit, der Unfähigkeit, des Mangels an Fortschritt und Kommunikation.

Offensichtlich haben wir in all diesen Jahren nicht viel dazugelernt. Wir haben uns nicht die Zeit genommen, über die simple Wahrheit nachzudenken, daß wir nicht mit einer ganz bestimmten Haltung gegenüber anderen Menschen geboren sind, sondern daß uns diese Haltung anerzogen worden ist. Und wir sind heute die Lehrer der künftigen Generation. Wir sind deshalb dafür verantwortlich, wenn Verwirrung und Entfremdung weiterbestehen, die wir verabscheuen und die uns daran hindern, neue Alternativen zu finden. Es ist unsere Aufgabe, eifrig nach neuen Lösungen zu suchen und neue Beziehungsmuster zu entwickeln, d. h. Möglichkeiten zu finden, die unser inneres Wachstum, den Frieden, die Zuversicht und eine liebevolle Koexistenz fördern. Alles, was wir gelernt haben, können wir verlernen und neu lernen. In diesem Prozeß der *Wandlung* liegt unsere wirkliche Hoffnung.

Viele Jahre hat es mich beunruhigt, daß sich die Menschen so wenig Gedanken über Beziehungen machen. Vor einigen Jahren habe ich dann beschlossen, etwas zu tun. Ich fing an, Untersuchungen durchzuführen. Welche bessere Methode gäbe es, etwas über die Erfolge und Mißerfolge im Umgang der Menschen miteinander zu erfahren, als die zu befragen, die sich Tag für Tag aktiv um ein Zusammenleben in Frieden und Liebe bemühen? Auf diese Weise hoffte ich, deutlich zu zeigen, wie wir der Herausforderung und der Verpflichtung der Liebe besser begegnen können.

Ich habe einen sehr ausführlichen Fragebogen verschickt und damit den Adressaten die Gelegenheit gegeben, zum Thema der menschlichen Beziehungen etwas zu sagen. Der Fragebogen enthielt spezifische und allgemeine Fragen. So bekam der Empfänger die Möglichkeit, sich konkret zu bestimmten Punkten zu äußern und auf allgemeinere Fragen ausführlichere Antworten zu geben. Für den Zweck dieser Untersuchung hatte ich eine Beziehung wie folgt definiert:

«Eine gesellschaftlich anerkannte, dauernde, im gegenseitigen Einverständnis geschlossene Verbindung oder Vereinigung, die gewisse Bedürfnisse der beteiligten Individuen und der Gesellschaft erfüllt, in der sie leben.»

Der Fragebogen verlangte neben den üblichen demographischen Daten Antworten auf Fragen aus zwei Themenkreisen:

1. Die entscheidend wichtige Beziehung zu der Person, mit der Sie gegenwärtig freiwillig oder gezwungenermaßen regelmäßig täglich zusammen sind.

2. Eine weniger wichtige Beziehung, die Sie freiwillig oder gezwungenermaßen regelmäßig zu einer Person unterhalten, die jedoch weniger intensiv ist und nicht zu so häufigen täglichen Begegnungen führt wie die gegenwärtig wichtigste Beziehung.

Dann wurden die Empfänger der Fragebogen aufgefordert, die Eigenschaften zu nennen, die nach ihrer Meinung den

Bestand und das Wachsen einer auf Liebe gegründeten Beziehung am stärksten förderten, und jene, die eine solche Beziehung am meisten gefährdeten. Außerdem sollten die Befragten diese Beziehung schildern und sagen, welche Ratschläge sie einem Menschen geben würden, der eine enge Dauerbeziehung zu einem anderen aufnehmen will.

Es wurden 1000 Fragebogen an Männer und Frauen verschickt, die irgendwann an mich geschrieben und ihr Interesse an der Dynamik solcher Beziehungen bekundet hatten. Erstaunlicherweise reagierten mehr als 60 Prozent der Befragten begeistert auf meine Anregung und bewiesen damit ihr lebhaftes Interesse an dem Thema.

Bevor wir uns mit der Analyse der Ergebnisse dieser Umfrage beschäftigen, wäre es vielleicht ganz aufschlußreich, wenn Sie, der Leser dieser Zeilen, einen Selbstversuch unternehmen würden. Sie könnten bei der Beantwortung der gleichen Fragen viel über sich selbst, Ihre Bedürfnisse und Ihre Erwartungen erfahren. Die in dem Fragebogen enthaltenen Fragen sind auf den folgenden Seiten abgedruckt. Sehen Sie sich diese Fragen an und beantworten Sie sie, bevor Sie weiterlesen

Der Fragebogen

1. Welche schätzen Sie als Ihre wichtigste, auf Liebe gegründete Beziehung ein?

2. Welche drei Eigenschaften sind nach Ihrer Meinung am förderlichsten für die stetige Weiterentwicklung der Liebe und für das Wachstum in dieser Beziehung?

3. Welche drei Eigenschaften sind nach Ihrer Ansicht am ehesten dazu geeignet, eine auf Liebe gegründete Beziehung zu zerstören?

4. Zu welcher Person besteht nach Ihrer Ansicht die zweitwichtigste Beziehung in Ihrem Leben (Elternteil, Ehepartner, Kind usw.)?

5. Welche drei Eigenschaften tragen am meisten dazu bei, daß diese zweitwichtigste Beziehung bestehen bleibt und wächst?

6. Was wäre für Sie eine ideale, auf Liebe gegründete Beziehung?

7. Was würden Sie – nach Ihren eigenen Erfahrungen – einem Menschen raten, der ernsthaft darum bemüht ist, zum ersten Mal eine auf Liebe gegründete Beziehung zu einem Partner herzustellen, der für ihn an erster Stelle stehen soll?

Mehr als 600 ausgefüllte Fragebogen wurden zurückgeschickt, und die darin enthaltenen unterschiedlichsten Antworten gaben mir die Möglichkeit, einige bedeutungsvolle Schlußfolgerungen zu ziehen. Zwei Drittel der Fragebogen wurden von Frauen ausgefüllt. Die meisten von ihnen waren zwischen 30 und 60 Jahre alt. 108 Frauen waren jünger als 30, über 61 Jahre alt waren 76 Frauen.

Das Bildungsniveau dieser Personen war ungewöhnlich hoch. Das lag vielleicht daran, daß ich den Fragebogen, wie gesagt, an einen ausgewählten Personenkreis geschickt hatte, also an Menschen, die alle schon an mich geschrieben und um meine Stellungnahme zum Thema «Beziehungen» gebeten hatten. Diese Menschen hatten sich also bereits mit der Entfaltung der Persönlichkeit und dem gegenseitigen Verständnis beschäftigt. Sie alle hatten wenigstens einen Oberschulabschluß. 113 von ihnen hatten ihr Magister-Examen bestanden, und 96 waren noch weiter ausgebildet.

Die Antworten kamen also von Menschen, die einer ganz bestimmten Bevölkerungsschicht angehörten. Ich bin sicher, daß ich ganz andere Antworten bekommen hätte, wenn die Fragebogen an Personen mit einem niedrigeren Bildungsniveau und mit geringerem Einkommen gegangen wären. So stellte sich zum Beispiel bei ähnlichen soziologischen Untersuchungen heraus, daß in den ärmeren Gesellschaftsschichten Faktoren wie finanzielle Sicherheit, Sexualität und der tägliche Existenzkampf den Vorrang vor dem Thema «Beziehung» hatten. Es wäre sicher sehr aufschlußreich, wenn jemand die gleichen Untersuchungen in den verschiedensten Gesellschaftsschichten vornehmen würde.

Mehr als zwei Drittel der Befragten erklärten, ihre wichtigste Bezugsperson sei der Ehemann oder die Ehefrau. Die anderen nannten Familienmitglieder, die Mutter, den Vater, die Schwester, den Bruder oder ihre Kinder.

Die zweitgrößte Gruppe bestand aus Unverheirateten, deren wichtigste Bezugsperson jedoch meist dem anderen Geschlecht angehörte. Einige wenige unterhielten, wie sie sagten, bedeutungsvolle homosexuelle Beziehungen. Eine sehr kleine Gruppe erklärte, die wichtigste Beziehung hätten sie zu sich selbst. Andere berichteten von ihren Beziehungen zu Haustieren. Nur 9 Personen erklärten, sie unterhielten gegenwärtig keine für sie wichtige Beziehung.

Bei der überwiegenden Mehrzahl der Befragten dauerte die für sie wichtigste Beziehung bereits 11 bis 25 Jahre, und 90 Personen waren schon länger als 25 Jahre mit dem Partner zusammen. Weniger als ein Drittel der Befragten waren geschieden, und die meisten von ihnen bemühten sich entweder darum, eine neue, dauerhaftere Beziehung anzuknüpfen, oder warteten auf eine Periode, in der die alte Beziehung «wiederhergestellt» werden konnte.

Auf die Frage, welche drei Eigenschaften nach ihrer Meinung für das Wachsen der Liebe in solchen Beziehungen am förderlichsten seien, nannten die Befragten die folgenden (in der hier angegebenen Reihenfolge):
Die Fähigkeit, sich mitzuteilen (Kommunikation)
Zuneigung
Mitgefühl/Versöhnlichkeit
Ehrlichkeit
Gegenseitige Anerkennung
Zuverlässigkeit
Humor
Romantische Gefühle (einschließlich Sexualität)
Geduld
Achtung vor der Freiheit des anderen

Es war interessant, daß die Fähigkeit, sich mitzuteilen, Zuneigung, Versöhnlichkeit und Ehrlichkeit von mehr als 85 Prozent *aller* Befragten als wichtigste Eigenschaften genannt wurden! Die Fähigkeit, sich mitzuteilen, oder Kommunikation wurde als das Verlangen definiert, füreinander offen zu sein, eigene Erfahrungen mitzuteilen, sich aufeinander zu beziehen, miteinander zu sprechen und dem anderen zuzuhören.

Zuneigung wurde verstanden als die Bereitschaft, sich um den Partner zu kümmern, ihn zu verstehen und zu achten, als körperliche und seelische Nähe, als Fürsorge und Zärtlichkeit. Die meisten Befragten unterschieden den Begriff der Zuneigung deutlich von der Sexualität und den romantischen Gefühlen, die interessanterweise an drittletzter Stelle genannt wurden.

Das an dritter Stelle auf dieser Liste stehende Mitgefühl wurde als die Fähigkeit definiert, sich in den anderen einzufühlen, ihm zu vergeben, ihn zu unterstützen und selbstlos zu sein.

Die Ehrlichkeit, die beinahe auf den dritten Platz gekommen wäre, wurde als die Eigenschaft gesehen, die den Menschen befähigt, in jedem Augenblick seine wahren Gefühle zu zeigen, seine Ängste, seinen Ärger, sein Bedauern und seine Erwartungen auszudrücken.

Die Befragten wurden auch aufgefordert, die Eigenschaften oder Charakterzüge zu nennen, die einer entwicklungsfähigen, auf Liebe gegründeten Beziehung am meisten schaden. Das Ergebnis der Befragung war erstaunlich folgerichtig. Es wurden durchweg die entgegengesetzten, negativen Aspekte zu den in der ersten Liste als positiv bezeichneten Eigenschaften genannt, und zwar in dieser Reihenfolge:

Die Unfähigkeit, sich mitzuteilen
Selbstsucht/Unversöhnlichkeit
Unaufrichtigkeit
Eifersucht
Mißtrauen
Perfektionismus
Mangel an Flexibilität (Ablehnung jeder Veränderung)
Verständnislosigkeit
Mangel an Achtung
Gleichgültigkeit

Es ist interessant, daß die Fähigkeit bzw. Unfähigkeit, sich mitzuteilen, jedesmal an erster Stelle stand. Die überwiegende Mehrzahl der Befragten (mehr als 85 Prozent) betrachteten diese Fähigkeit als wichtigste Voraussetzung für eine liebevolle Beziehung und hielten das Fehlen dieser Fähigkeit für den destruktivsten Faktor.

Die beiden Listen stimmten auch insofern überein, als jeweils Ehrlichkeit, Zuneigung, Mitgefühl, Anerkennung des anderen und Zuverlässigkeit als entscheidend wichtige Eigenschaften angesehen wurden.

Diese Ergebnisse scheinen zu zeigen, daß sich die Befragten ihre Antworten genau überlegt und mit großer Sorgfalt und viel Interesse daran gearbeitet hatten.

Wenn wir von einer Beziehung sprechen, dann denken wir anscheinend oft nur an eine bestimmte Gruppe, nämlich an Männer und Frauen, die eine voreheliche Beziehung unterhalten oder miteinander verheiratet sind. Wir scheinen jedoch die unendliche Vielzahl anderer möglicher Beziehungen in unserem Leben zu vergessen, die ebenso dynamisch und vital sein können, als da sind Beziehungen zu Mutter, Vater, Sohn, Tochter, Vettern, Cousinen, Onkeln, Tanten, Großeltern, Schwiegereltern, Arbeitskollegen und vielen anderen. Wir glauben, daß diese Beziehungen «anders» sind und daher andere Fähigkeiten und Eigenschaften für ihre positive Entwicklung notwendig sind. Um das zu überprüfen, wurden die Befragten aufgefordert, sich über ihre zweitwichtigsten Beziehungen Gedanken zu machen und niederzuschreiben, welche Eigenschaften diese Beziehungen positiv oder negativ beeinflussen. Es hat mich nicht überrascht, daß die Voraussetzungen für eine günstige Entwicklung *für alle* zwischenmenschlichen Beziehungen *die gleichen* waren. Die Unterschiede waren nur *graduell,* betrafen aber nicht die *Art* der Eigenschaften.

Die Fähigkeit, sich mitzuteilen, wurde auch hier als wichtigste Voraussetzung genannt. Es folgten in dieser Reihenfolge: Ehrlichkeit, Anerkennung, Versöhnlichkeit, Rücksichtnahme, Verständnis, Zuneigung, Achtung, das Teilen und der Humor.

Die Befragten nannten auch die Mängel, die ihrer Meinung nach solche zweitwichtigsten Beziehungen gefährdeten, und zwar in dieser Reihenfolge: Mangel an Mitteilungsfähigkeit, Unaufrichtigkeit, egozentrisches Verhalten/Unversöhnlichkeit, Zeitmangel, Mißtrauen, Eifersucht, Gleichgültigkeit, Mangel an Zuneigung, Verständnislosigkeit und überkritische Einstellung.

Es zeigt sich, daß die Verhaltensweisen und Eigenschaften, die *alle* liebevollen zwischenmenschlichen Beziehungen positiv beeinflussen, immer die gleichen sind. Wenn wir unseren Ehefrauen, Ehemännern, Geliebten, Kindern, Arbeitskollegen, Nachbarn oder irgendwelchen anderen Menschen näherkommen wollen, dann bedarf es der gleichen Fähigkeit, des gleichen Verhaltens und der gleichen Eigenschaften. Deshalb ist es wohl ratsam, diese Faktoren genauer anzusehen; denn wenn wir einander lieben, unsere Einsamkeit überwinden und unseren Alltag in Frieden und Freude mit anderen teilen wollen, müssen wir die Dynamik der genannten Grundhaltungen und Eigenschaften verstehen. Die Untersuchung jener Grundhaltungen und Eigenschaften bildet die Grundlage und den Zweck dieses Buches.

Einander lieben
wie man es schafft

Zärtlichkeit entsteht, wenn zwei Menschen, die sich – wie alle anderen auch – danach sehnen, ihr Getrenntsein und ihre Isolation zu überwinden (in die wir alle geraten, weil wir Individuen sind), eine Beziehung aufnehmen können, in der sie für den Augenblick nicht zwei isolierte Einzelwesen sind, sondern eine Einheit bilden.

ROLLO MAY

«Was ist geschehen», fragte ich sie, «nachdem wir schon so lange zusammen sind? Was ist geschehen?»

«Ich weiß es nicht», antwortete sie. «Ich weiß es wirklich nicht.»

Dieser Dialog scheint unvorstellbar. Wir alle sind aktive Partner in so vielen auf Liebe beruhenden Beziehungen und haben dennoch so wenig Zeit darauf verwendet, über die Dynamik nachzudenken, die dahinter steht. Wir gehen zum Beispiel täglich mit Menschen um, die unser Wohlbefinden entscheidend beeinflussen, etwa mit unseren Ehepartnern, Eltern und Kindern. Wir sind im Umgang mit ihnen erstaunlich sorglos. Wir kümmern uns anscheinend nicht darum, daß sie uns überhaupt beeinflussen. Wir ignorieren die Tatsache, daß sie uns zum Lachen oder zum Weinen bringen, daß sie Freude oder Verzweiflung auslösen können. Die gleiche unbekümmerte Haltung zeigen wir beim Umgang mit Arbeitskollegen, Nachbarn und Freunden. Wir setzen voraus, daß unsere Beziehungen zu diesen Menschen einen ganz natürlichen und positiven Verlauf nehmen werden.

Die meisten von uns haben sich nie genötigt gesehen zu untersuchen, in welcher Weise das, was wir fühlen, sagen und tun, unsere Beziehungen zu anderen Menschen beeinflußt. Das ist aber unbedingt notwendig. Diese Beziehungen beeinflussen unser geistig-seelisches Wohlbefinden, unsere Rolle in der Gesellschaft und in der Familie, unsere Freunde und Partner und die Gruppen, zu denen wir gehören.

Obwohl ich mir der Bedeutung von auf Liebe beruhenden Beziehungen immer bewußt war, habe ich mich erst während der vergangenen zwölf Jahre aktiv mit der Erforschung solcher Beziehungen beschäftigt. Das ist keine sehr lange Zeit; aber wenn ich sehe, wie verschwindend wenig zu diesem Thema veröffentlicht worden ist, und wenn ich andere frage, wie intensiv sie sich mit der Erforschung dieses Themas beschäftigt haben, dann sind auch zwölf Jahre bereits eine bemerkenswert lange Zeit.

Mein Interesse für zwischenmenschliche Beziehungen hat mich veranlaßt, sowohl unkonventionelle als auch wissenschaftliche Untersuchungen darüber anzustellen. Jedesmal, wenn ich einen Menschen kennenlerne, der sich ebenso wie ich darum bemüht, den Kontakt mit anderen auf den verschiedensten Ebenen zu pflegen, stelle ich meine unkonventionellen Untersuchungen an. Dabei ergeben sich immer anregende Gespräche. Wenn ich den anderen danach frage, ob ihn seine gegenwärtigen Beziehungen befriedigen und glücklich machen, bekomme ich verblüffende und überraschende Antworten. Meist lauten sie so: «ich glaube schon», «gelegentlich», «ich habe nicht viel darüber nachgedacht», «es geht schon», «ich erlebe Hochs und Tiefs, was kann ich anderes erwarten?» Das klingt nicht sehr ermutigend oder inspirierend. Es ist traurig, daß nur sehr wenige mit einem uneingeschränkten «Ja» antworten.

Dann frage ich, ob der Betreffende eine Schulung für das Zusammenleben mit anderen durchgemacht oder jemals ernsthaft über dieses Thema nachgedacht hat. Die Antworten sind sehr verschieden: «Eine regelrechte Schulung für den Umgang mit Menschen? Wo gibt es so etwas?» – «Nun, ich habe schon darüber nachgedacht. Ich nehme an, ich verstehe davon ebensoviel wie jeder andere.» – «Ist es notwendig, den Umgang mit anderen besonders zu lernen? Man nimmt einfach Beziehungen auf und muß dann die Folgen tragen.»

Ich frage mich doch, ob diese Leute jemals bedenkenlos ins Meer springen würden, ohne vorher schwimmen gelernt zu haben, ohne sich über Wasser halten zu können. Weshalb geben sie sich damit zufrieden, jahrelang alles andere als glückliche Beziehungen aufrechtzuerhalten, die sie nicht befriedigen, obwohl es ganz anders sein könnte? Ich frage mich, ob sie ahnen, daß Beziehungen sich verändern und wachsen und ihnen außergewöhnlich viel Liebe, Wärme und Sicherheit geben können? Sind sie sich der Tatsache bewußt, daß eine auf Liebe beruhende Beziehung einem mehr geben kann als jede andere Art des Umgangs mit Menschen, daß positive, dauerhafte und liebevolle zwischenmenschliche Beziehungen unserem Leben erst einen grundlegenden Sinn geben?

Um diese Frage auf eine wissenschaftlichere Weise zu untersuchen, habe ich mit dem oben erläuterten Fragebogen gearbeitet. Ich habe die Befragten aufgefordert, eine auf Liebe beruhende Beziehung so zu definieren, wie sie sie verstehen. Die Antworten waren oft ausgezeichnet, sensibel und bewußt. Einige weigerten sich, überhaupt eine Definition zu versuchen. Viele äußerten sich zu der Herausforderung und dem erzieherischen Wert, der darin liegt, mit einer solchen Frage konfrontiert zu werden; sie haben mit Vergnügen geantwortet. Eine Person beschrieb zum Beispiel: «Sie haben mich endlich veranlaßt, das, was ich über so viele unglücklichen Jahre hinweg als unvermeidlich angesehen habe, konkret in Worte zu fassen.» Ein anderer: «Es ist unglaublich, wie schwierig es war, das, was ich über 52 Jahre lang gelebt habe, in Worte und Gedanken zu fassen.»

Es ist interessant zu sehen, wie leicht und menschlich es ist, so bedeutsame Phänomene wie die Liebe und die

Beziehungen zu anderen Menschen als etwas Natürliches anzusehen, das sich von selbst regelt und über das man sich keine ernsten Gedanken machen muß. Bevor wir die Antworten hier lesen, sollte vielleicht jeder von Ihnen selbst definieren, was er unter einer Liebesbeziehung versteht.

Wie definieren Sie eine Liebesbeziehung?

Wie haben die Befragten eine Liebesbeziehung definiert?

• Eine Liebesbeziehung ist eine ganz besondere Partnerschaft. Sie bedeutet, daß man einen Menschen liebt, bei dem man sogar seine Unvollkommenheit als Möglichkeit begreift und deshalb als etwas Schönes. Dabei sind Entdeckungen, Kampf und gegenseitige Anerkennung die Grundlage für ein stetiges Wachstum und für wunderbare Erlebnisse.

• In einer Liebesbeziehung vertrauen die Partner einander so sehr, daß sie verwundbar werden, in dem sicheren Gefühl, daß der andere das nicht ausnützen wird. Der Liebende beutet den anderen nicht aus und nimmt ihn auch nicht als etwas Selbstverständliches. Zu einer solchen Beziehung gehören *viel* Mitteilsamkeit, viel gegenseitiges Teilen und viel Zärtlichkeit.

● In einer Liebesbeziehung kann man offen und ehrlich miteinander umgehen, ohne fürchten zu müssen, beurteilt zu werden. Sie verleiht einem die Sicherheit zu wissen, daß jeder des anderen bester Freund ist und für ihn einstehen wird, was auch geschehen mag.

● In einer Liebesbeziehung wachsen das Verständnis und die liebevolle Anerkennung der Unterschiede, die zwischen beiden Partnern bestehen, und jeder wird ermutigt, mit dem anderen so viel Schönheit und Liebe zu teilen wie nur möglich.

● In einer Liebesbeziehung erkennst du den anderen als ganze Persönlichkeit an und wirst von ihm in gleicher Weise anerkannt.

● In einer Liebesbeziehung werden die Grenzen der persönlichen Rechte, des persönlichen Besitzes, der eigenen Gedanken, Gefühle und sogar des eigenen Handelns verwischt, und es kommt auch gar nicht mehr darauf an, weil beide so viel miteinander teilen wie nur irgend möglich und dabei die gleichen Ziele verfolgen.

● Eine Liebesbeziehung ist eine mystische und doch konkrete dynamische Erfahrung, fließend und sich selbst genügend, nicht aber Mittel zum Zweck. In dieser Beziehung wird vom anderen nichts erwartet, und doch hat sie für beide eine tiefe Bedeutung wegen ihres Eigenwerts, ihrer Möglichkeiten, ihres Wunders und ihrer Wahrheit und wegen der gemeinsamen Erfahrungen, die daraus entstehen.

● In einer Liebesbeziehung bemüht sich jeder Partner um das Wachstum und den Fortschritt des anderen. An die Stelle des Verlangens, den anderen zu besitzen, tritt das Angebot, selbst dem anderen zu gehören. An die Stelle der Selbstsucht tritt selbstloses Geben, Teilen und Anteilnehmen. Jeder Partner ist bereit, dem anderen zuzuhören; das Gute in jedem von ihnen wächst, und das Schlechte verliert an Bedeutung.

● In einer Liebesbeziehung erlaubt jeder Partner dem anderen tiefe Einblicke in sein persönliches Leben; beide werden immer bewußter und sensibler füreinander, und sie wissen, daß keiner von beiden vollkommen ist, daß aber die Liebe vollkommen ist und daher als wichtigstes Werkzeug im Zusammenleben alle Probleme lösen kann.

● Eine Liebesbeziehung ist das bedingungslose Annehmen eines anderen Menschen. Jeder Partner hilft dem anderen, seine persönlichen Ziele zu verwirklichen und innerlich zu wachsen, und er fördert dieses Wachstum. Jeder betrachtet den anderen als Freund, dem er vertrauen, auf den er sich verlassen und an dem er Freude haben kann.

● In einer Liebesbeziehung fühlt sich jeder Partner in der schweigenden Gegenwart des anderen wohl. Mit Worten oder durch Körpersprache bringen beide ihr Vertrauen zueinander, ihre Aufrichtigkeit, Bewunderung und Hingabe und jenes besondere Glücksgefühl zum Ausdruck, das ihnen das bloße Zusammensein schenkt.

● Eine Liebesbeziehung ist gekennzeichnet durch Vertrauen und gegenseitige Anerkennung, und dadurch entsteht ein zärtliches, warmes Gefühl der Sicherheit und Zufriedenheit. Diese Beziehung gibt jedem Partner Stärkung und Kraft, auf die er sich in jedem Augenblick stützen kann.

● Eine Liebesbeziehung ist ein Austausch von Zuneigung und Rücksichtnahme, ohne daß der eine Partner an den anderen Ansprüche stellt. Sie beruht auf uneingeschränkter Ehrlichkeit und auf Mitteilsamkeit, ohne daß der eine den anderen ausnutzt.

● In einer Liebesbeziehung kommt es *nicht* auf die Dauer, sondern eher auf die Art der Zuwendung an. Im besten Falle ist sie ein gesunder Austausch von Gedanken, Gefühlen und Erfahrungen. *In ihr fühlt sich die Seele geborgen.* Hier sind wir ganz wir selbst; hier erforschen wir unsere tiefsten inneren Sehnsüchte, Hoffnungen, Ängste und Freuden, ohne fürchten zu müssen, verurteilt, zurückgewiesen oder verlassen zu werden. In dieser Atmosphäre können wir uns entspannen, werden wir getröstet und gewinnen wir die Kraft, den täglichen Kampf ums Dasein zu bestehen.

● In einer Liebesbeziehung darf der geliebte Mensch er selbst sein – um mit mir, aber niemals über mich zu lachen; um mit mir, aber niemals durch meine Schuld zu weinen; um das Leben zu lieben, um sich selbst zu lieben und sich daran zu freuen, geliebt zu werden. Eine solche Beziehung ist auf Freiheit gegründet und kann niemals in einem eifersüchtigen Herzen gedeihen.

● In einer Liebesbeziehung haben beide Partner das Gefühl, so sehr geliebt, so angenommen und so sicher zu sein, daß sie ihre innersten Gefühle, Träume, ihre Fehlschläge und ihre Erfolge mitteilen können. Dieses Geben und Nehmen und Aufeinandereingehen wurzelt in der gegenseitigen Achtung und Anerkennung der Würde des anderen, wobei Tränen und Lächeln gleich wichtig sind und das beiderseitige Wachstum ständig gefördert wird.

● Eine Liebesbeziehung ist wie ein ideales «Zuhause» – hier kannst du ganz du selbst sein, hier wirst du angenommen, verstanden, hier vertraut man dir und achtet dich als ein wertvolles menschliches Wesen. Es ist eine schützende Gemeinsamkeit, in der sich jeder darum bemüht, dem anderen genügend Fürsorge und Sicherheit zu geben, so daß Hoffnungen und Befürchtungen geteilt werden können und jeder ermutigt wird, zu lernen und zu wachsen.

● In einer Liebesbeziehung hat man das Verlangen zu feiern, sich gegenseitig mitzuteilen und Herz und Seele des anderen kennenzulernen.

● In einer Liebesbeziehung können beide Partner ihre Gefühle frei und ehrlich mit kindlich spontanem Vertrauen und völliger Offenheit zum Ausdruck bringen.

● In einer Liebesbeziehung sieht jeder den geliebten Partner nicht als eine Erweiterung von sich selbst, sondern als ein einzigartiges, sich ständig weiterentwickelndes, bewundernswertes Einzelwesen. Hier kann jeder dem anderen sein Ich darbieten, und in dieser Verbindung beider Individuen muß doch keiner fürchten, sein Selbst zu verlieren.

• Eine Liebesbeziehung ist eine gegenseitige, aktive und sich ständig verändernde Verbindung, in der alle die Eigenschaften gefördert, ja beinahe gefordert werden, die notwendig sind, damit der/die Liebende sich zu alledem entwickelt, was er/sie sein kann.

Es ist offensichtlich und ziemlich aufregend, daß wir – wie alles andere – auch unsere Liebesbeziehungen selbst definieren. Wichtig ist dabei nicht so sehr, was diese Definition beinhaltet, sondern daß sie unserer Vorstellung entspringt und von beiden Partnern dieser Beziehung akzeptiert wird. Für manche gehört zu einer Beziehung uneingeschränkte Ehrlichkeit, absolutes Vertrauen und völlige Hingabe. Für andere ist eine weniger starke Verbindung wichtig. Es wäre gut, wenn wir darüber nachdächten, welche Möglichkeiten wir haben, wenn wir sagen: «Komm in mein Leben; ich liebe dich.»

Einander lieben

indem man miteinander redet

*Wir haben Kommunikationssysteme ent-
wickelt, die es dem Menschen auf der Erde
erlauben, mit dem Mann auf dem Mond
zu sprechen. Und doch kann die Mutter
oft nicht mit der Tochter, der Vater nicht
mit dem Sohn, der Schwarze nicht mit
dem Weißen, der Arbeitnehmer nicht mit
dem Arbeitgeber und die Demokratie
nicht mit dem Kommunismus sprechen.*

HADLEY READ

Die Kommunikation, die Kunst, miteinander zu sprechen, zu sagen, was wir fühlen und meinen, es deutlich zu sagen, zu hören, was der andere sagt, und uns davon zu überzeugen, daß wir ihn richtig verstanden haben, ist allem Anschein nach die wichtigste Voraussetzung für das Herstellen und die Pflege von Liebesbeziehungen.

Der große amerikanische Schriftsteller William Faulkner hat 1950 in seiner Rede nach der Verleihung des Nobel-Preises gesagt:

> Ich glaube, wenn das letzte Poltern beim Weltuntergang verklungen und sein Echo am letzten nutzlosen Felsen im letzten Abendrot verhallt sein wird, wird man immer noch einen Laut hören können: die schwache, unermüdliche Stimme des Menschen, die auch dann noch reden wird.

Mr. Faulkner hatte sicher recht. Die menschliche Stimme durchdringt die ganze Welt. Die meisten von uns sind anscheinend ständig damit beschäftigt, oft sogar im Schlaf, sich irgendwie mitzuteilen, meistens mit Worten (auch wenn wir nur Selbstgespräche führen). Unsere Sprache ist Ausdruck von Freude, von Haß, von Angst, von Sehnsucht nach Frieden, von Schmerz, von Schuld, Hoffnung, Drohung, Bedauern, von ästhetischen Gefühlen, von Neid, von Verachtung; sie drückt reine Information aus und, so hoffen wir, gelegentlich auch Liebe. Unsere Hoffnung liegt, wie Mr. Faulkner in seiner Rede fortfuhr,

> ... nicht nur darin, daß der Mensch als einziges Lebewesen eine unermüdliche Stimme hat, sondern auch darin, daß der Mensch eine Seele hat, einen Geist, der des Mitleids, des Opfers und des Duldens fähig ist.

Es ist die Sprache des Mitgefühls, der Opferbereitschaft und der Verpflichtung – die wir freilich zu selten hören –, die den wertvollsten Bestandteil einer liebevollen Beziehung ausmacht.

Als ich vor einigen Jahren mein Liebesseminar leitete, beschlossen wir, einen Versuch zu unternehmen. Jeder sollte den Menschen, die er schätzte und liebte, mit Worten sagen, daß er sie «aufrichtig liebt und schätzt». Wir stellten fest, daß das, obwohl es uns zunächst als die natürlichste und einfachste Sache der Welt erschien, sehr viel schwieriger war, als wir gedacht hatten. Die meisten Studenten suchten in aller Liebe vergeblich nach den richtigen Worten. Sie waren befangen und unbeholfen; ja, es war ihnen sogar peinlich, ihre Liebe auszudrücken. Einige von ihnen taten es auch nicht. Als wir anschließend darüber sprachen und unsere Erfahrungen austauschten, waren wir uns darin einig, daß es wirklich eigenartig sei, wie viele sich fürchteten, ihre Liebe mitzuteilen. Wir erkannten, weshalb wir so selten die Stimme der Liebe hören und warum sie, wenn wir sie hören, so leise und so schüchtern klingt. Dabei haben wir doch gelernt, daß Liebe, die nicht zum Ausdruck gebracht wird, die häufigste Ursache unseres Kummers und Bedauerns ist. Gewöhnlich warten wir bis zum Tode eines Menschen, bevor wir sagen, was er uns bedeutet hat, bevor wir ihn öffentlich ehren und unsere Liebe für ihn äußern.

Wie ich schon oft gesagt habe, hatte ich das Glück, in einer Familie aufzuwachsen, in der viel über Liebe gesprochen wurde. Es waren nicht immer sanfte und zarte Töne oder das, was man zu hören erwartete. Mama hatte eine laute

Stimme und hat uns sogar oft angeschrieen. Sie hatte nicht die klugen Ratschläge des Psychologen gelesen, der schreibt: «Schreie deine Kinder niemals an und schlage sie nie. Verbale und physische Wunden können Narben hinterlassen, die nie verheilen.» Ich hörte Drohungen wie «te spacco la faccia». Das heißt frei übersetzt: «Ich werde dich ins Gesicht schlagen!» Und ich muß zugeben, sie hat es gelegentlich auch getan. Einmal hat sie mir sogar einen Vorderzahn ausgebrochen. Ihr amerikanischer Lieblingsausdruck war «Shut up!» (ich habe nie erfahren, wo und weshalb sie das aufgeschnappt hat). Auch Papa fürchtete nicht, daß ein kräftiger Schlag bei uns einen psychischen Dauerschaden hinterlassen könnte. Für psychologische Fragen interessierte er sich kein bißchen. Er und Mama hatten Wertvorstellungen, die sie mit uns teilen wollten. Irgendwie haben wir niemals bezweifelt, daß die Eltern uns diese Wertbegriffe «zu unserem eigenen Besten» beigebracht haben. Doch ihr heftiges Temperament hat meine Eltern nicht daran gehindert, ihre Liebe auch in einer sanfteren Form zum Ausdruck zu bringen. Mama kehrte niemals vom Einkaufen zurück, ohne uns eine Tafel Schokolade, ein Stück Kuchen oder etwas Obst mitzubringen. Wenn die Eltern uns begrüßten, gute Nacht und guten Morgen sagten, nahmen sie uns jedesmal in die Arme. Sie haben uns oft geküßt – am Tage und bis zum späten Abend. Alle Wunden heilen rasch, wenn man ganz sicher weiß, daß hinter allem die Liebe steht.

In ihrer Liebe teilten sie mit uns Gott für unsere Seele, schickten uns in die Schule und führten lange Gespräche mit uns für unseren Verstand und versorgten uns mit schmackhaftem Essen für unseren Körper. Mama verordnete uns auch ganz liebevoll eine alljährliche körperliche

«Frühjahrsreinigung» – eine Fastenzeit unterstützt durch Magnesiumzitrat. Zur Belohnung gab es die Erlaubnis, an einem bestimmten Tag als erster das Badezimmer zu benutzen (wir hatten nur eines, und das war bei unserer großen Familie immer belegt). Die zweite Belohnung war Mamas Versprechen, am nächsten Tag unser Lieblingsgericht zu kochen. Ohne Rücksicht auf unser Alter spielte jeder von uns eine wichtige Rolle als Familienangehöriger. Wir wurden dazu ermutigt, offen über unsere Freuden, Schmerzen, Ängste, Enttäuschungen und Liebesgefühle zu sprechen. Wenn einer von uns ein Problem hatte, dann war es ein *Familienproblem,* und jeder war aufgefordert, Lösungsvorschläge zu machen. Wir wurden angehört, und unsere Meinung wurde respektiert. In dieser Atmosphäre ließen sich alle Lektionen des Lebens, ob sie verdient waren oder nicht, leicht ertragen.

Am häufigsten beklagen sich junge Menschen heute darüber, daß sie zwar viel Materielles, Geld und äußeren Komfort erhalten, daß ihnen aber das vertraute Gespräch fehlt. Sie vermissen das Gespräch in einer unterstützenden Atmosphäre, das ihnen hilft, ihre eigene Stimme zu hören, ihre eigenen Fähigkeiten zu entdecken, ihre eigenen Fehler zu machen und ihre eigenen Lösungen zu suchen. Oft haben sie das Gefühl, daß echte Kommunikation mit jenen, die sie lieben, wenn sie überhaupt zustande kommt, einen begrenzten Wert hat.

Eine meiner Studentinnen, ein sensibles junges Mädchen, kam zu mir, um ein ganz persönliches Problem mit mir zu besprechen. Als ich ihr vorschlug, mit ihren Eltern darüber zu reden, sagte sie mir, das könne sie nicht, die Eltern würden sie niemals verstehen. Ich überredete sie, wenigstens einen Versuch zu unternehmen, weil sie zur Lösung ihres Problems die Unterstützung der Familie brauche. Nach einigen Tagen kam sie zurück und erzählte mir, sie habe es ernsthaft versucht, aber selbst als sie zugegeben habe, wie verwirrt und alleingelassen sie sich fühle, hätten die Eltern das Problem bagatellisiert, das Thema gewechselt und erklärt, sie mache «aus einer Mücke einen Eleſanten» und sie werde schon «darüber hinwegkommen». Sie weigerten sich, weiter über die Angelegenheit zu sprechen, als werde sich alles von selbst erledigen, wenn man es einfach ignoriert. Erst nachdem das junge Mädchen einen Selbstmordversuch unternommen hatte, reagierten die Eltern. Dann fragten sie: «Warum hast du uns nichts von deinen Problemen gesagt?» Sie antwortete: «Ich habe es getan, aber ihr habt nicht zugehört.»

Eric Berne, der berühmte Verfasser des Buches «Spiele der Erwachsenen», bemüht sich darum, den Menschen zu zeigen, wie sich Intimität, d. h. Vertrautheit, herstellen läßt. Er zeigt, wie die vielen Rollen und Spiele, die wir spielen, die Kommunikation behindern, wie sie uns voneinander entfernen und jede Möglichkeit zerstören, mit unseren Freunden und Lebenspartnern vertraut zu werden, ihnen nahe zu sein. Insbesondere beschäftigt er sich mit vier Fragen, die für das Gespräch so wichtig sind:

Wie sagst du «guten Tag»?

Wie antworten wir auf «guten Tag»?

Was sagen wir, nachdem wir «guten Tag» gesagt haben?

Und die wichtigste Frage: Was tun wir, anstatt «guten Tag» zu sagen?

Das sind wirklich gute Fragen!

Das, worauf es mir ankommt, kompliziert das Problem noch mehr, denn ich möchte mehr darüber wissen, wie man sich über *Liebe* mitteilen kann. Deshalb sind meine Fragen komplexer und gewagter; sie gehen über das bloße «guten Tag» hinaus. Ich möchte wissen:

Wie sagst du «ich liebe dich», und warum ist es so schwer, eine so positive Erklärung abzugeben?

Wie reagierst du auf dieses Geständnis, und wie sagst du dann «ich liebe dich», ohne Einschüchterung und ohne Angst?

Was sagen wir, nachdem wir gesagt haben «ich liebe dich»?

Wie halten wir das Gespräch über die Liebe im Fluß?

Und dann die wichtigste Frage: Was tun wir alles, anstatt zu sagen «ich liebe dich»?

Jeder, der sich mit dem Phänomen der Kommunikation beschäftigt, weiß, daß wir in den meisten Fällen zu uns selbst sprechen. Oft sind wir uns nicht einmal darüber klar, was wir unserem Gesprächspartner mitteilen wollen, und darüber hinaus fehlt uns meist die sprachliche Fähigkeit, um einigermaßen verständliche Sätze zu formulieren. Selbst wenn uns das gelingt, ist der Zuhörer oft nicht interessiert, nicht bereit oder nicht fähig, den intellektuellen und emotionalen Inhalt des Gesagten zu «übersetzen». Wir haben dann mit unseren Worten nur die Luft in Schwingungen versetzt, aber sonst nichts erreicht.

Die hohe Kunst der Konversation ist ebenfalls fast verlorengegangen. Auf Cocktailpartys und bei großen Festessen hören wir meist nur geräuschvolle, bedeutunglose Dialoge. Die gemeinsamen Mahlzeiten im Kreis der Familie, die uns früher eine Gelegenheit boten, unsere Gedanken auszutauschen und miteinander zu sprechen, sind zum bloßen Ritual verkommen. Jeder wartet nur darauf, sich wieder vor das Fernsehgerät setzen zu können, das Haus zu verlassen oder sich in sein Zimmer zurückzuziehen.

Lois Wyse schildert das in ihrem ungewöhnlichen Gedichtband «Lovetalk» (Liebesgespräch) in sehr dramatischer Weise. Sie sagt:

So viele Fernseh-Ehen –
das Leben spielt sich nur noch
vor dem Hintergrund der Röhre ab.
Nicht mehr zwei Leben füllen den Raum,
es sind zwei Leben und die 11-Uhr-Nachrichten,
von Reklamesendungen unterbrochen.
Wir hören nicht deine und nicht meine Stimme,
sondern das, was Dick und Johnny und ihre Gäste sagen.
Du lachst nicht mit mir;
ich lache nicht mit dir.
Der Humor kommt nur noch aus der Röhre.
Und wir beide lachen darüber.
Je mehr wir es vermeiden zu sprechen,
desto passiver wird unsere Beziehung.
Das Fernsehen erlaubt uns,
als Statisten durchs Leben zu gehen,
die kaum ein Wort zu sagen haben.
Und je länger wir schweigen,
desto schwerer fällt es uns zu sprechen.

Wir alle besitzen die Fähigkeit, uns mehr oder weniger gut durch Sprache verständlich zu machen. Zwar gibt es viele Theorien, aber niemand weiß genau, wie wir sprechen lernen. Wir wissen, daß kleinen Kindern das Sprechen niemals methodisch beigebracht wird, aber wenn sie nicht schwer neurotisch geschädigt oder geistig behindert sind, lernen sie im Alter von etwa zwei Jahren das Sprechen. Die Kinder auf der ganzen Welt erwerben diese sprachliche Fähigkeit auf die gleiche Weise und im gleichen Alter. Das kindliche Plappern, die Phase der «Echolalie» geht in das Stadium über, in dem zuerst einzelne Worte und dann ganze Sätze gebildet werden. Das geschieht ganz von selbst, obwohl das Sprechen eine der komplexesten menschlichen Fähigkeiten ist. Das Kind braucht anscheinend nur eine von den Tönen der Sprache erfüllte Umwelt, um diese Laute in sich aufzunehmen. Ich werde nie die Amerikanerin vergessen, die ich kennenlernte, als ich in Taiwan unterrichtete; tief beeindruckt rief sie aus: «Stellen Sie sich vor, die zweijährigen Kinder auf der Straße sprechen Chinesisch!» Was hätten sie sprechen sollen, Griechisch?

Wir wissen, daß kleine Kinder das, was in ihrer Umgebung gesprochen wird, erstaunlich rasch aufnehmen. Ist es nicht bewundernswert, daß ein Zweijähriger unter den vielen Wörtern, die er hört, genau zwischen «Milch», «mich» und «Mama» unterscheiden kann? Und alle diese Wörter lernt er offenbar intuitiv, ohne zunächst ihren Sinn zu begreifen. Doch schließlich werden die Wörter zu Werkzeugen, mit deren Hilfe das Kind seine Umwelt organisiert und auf sie reagiert. Mit ihnen nimmt das Kind den Kontakt zu den Menschen seiner Umgebung auf. Wenn es die Wörter «Ja», «Liebe», «gut» und andere positive Symbole hört, dann wird es diese dazu benutzen, sich verständlich zu machen. Unsere Kinder sagen viel früher «nein» als «ja», und oft lernen sie das Wort «Haß» früher als das Wort «Liebe». Wo hat das kleine Kind im Kindergarten, das ruft, «ich bin mit meinen Nerven am Ende!», diesen Satz gelernt? Sicherlich nicht instinktiv.

Wir vernehmen also in unserer Umgebung entweder die Sprache der Liebe, oder wir hören sie nicht. Entweder lernen wir die sprachlichen Symbole, die wir brauchen, um mit anderen in Beziehung zu treten, oder wir lernen sie nicht.

Wie sagst du «ich liebe dich auch»?

Wie erweitern wir unseren Sprachschatz, wenn wir gelernt haben, uns mit Worten auszudrücken? Wie verwenden wir ihn, um anderen etwas mitzuteilen und einen konstruktiven Dialog zu führen?

Am häufigsten verwenden wir die Sprache dazu, um Information weiterzugeben, um anderen etwas mitzuteilen oder etwas zu erklären. Der Lehrer gibt seiner Klasse eine klare Anweisung: «Schreibt euren Namen immer in Druckschrift rechts oben auf eure Schulaufgabe.» Aber fragen Sie einmal die Lehrer, wie oft die Schüler ihren Namen auf die linke Seite oder in die Mitte des Blattes schreiben und wie oft der Name ganz fehlt. Ist es Ihnen nicht auch schon so gegangen, daß Sie im Lokal eine Tasse schwarzen Kaffee bestellen und der Kellner Sie fragt: «Mit Sahne und Zucker?» Die Fähigkeit zu sprechen hat offenbar noch nichts mit Kommunikation zu tun. Kommunikation setzt den Dialog voraus. Die meisten von uns sind ständig dabei, Monologe zu halten. Der große Philosoph Martin Buber hat sich intensiv mit dem Phänomen des menschlichen Monologs und Dialogs beschäftigt. Er beschreibt den *technischen Dialog,* die Art von Kommunikation, mit der wir ohne Beteiligung des Gefühls Informationen weitergeben, die aufgenommen werden und bestimmte Aktionen auslösen. Dann spricht er von dem *als Dialog getarnten Monolog.* Hier versucht ein Mensch, einem anderen etwas zu sagen, dem das Gesagte aber vollkommen gleichgültig ist.

Als Beispiel nennt er das, was er als *Liebesgespräch* bezeichnet, in dem beide Partner sich nur an ihrer eigenen wunderbaren Seele und an ihren eigenen kostbaren Erfahrungen erfreuen.

Ein sehr amüsantes Beispiel dafür ist der Dialog zwischen Candide und Cunégonde, dem Liebespaar in dem philosophischen Werk «Candide» von Voltaire. Leonard Bernstein hat dieses schmachtende Gespräch in seiner großartigen komischen Oper, die dem klassischen Werk von Voltaire nachempfunden ist, in Musik gesetzt.

In einem opernhaften Duett blicken die Liebenden gemeinsam, aber doch jeder für sich in die Zukunft und besingen ihre innigsten Hoffnungen und Visionen.

Candide träumt davon, eines Tages mit seiner Geliebten auf einem kleinen Bauernhof zu leben, um dort Hühner und Kühe zu halten und Gemüse anzubauen.

Cunégonde wünscht sich eine Luxusyacht, glänzende Gesellschaften, ein Leben im Luxus und die schönsten Juwelen.

Beide schwelgen in ihren Träumen, und am Schluß schildert Cunégonde die aufregenden Abenteuer einer Weltreise, während Candide zufrieden das einfache Leben auf dem Lande besingt.

Schließlich verlassen beide ihre Traumwelt und sehen einander in die Augen; sie rühmt das Glück der Ehe, und er – ganz im Einklang mit ihr – ist sehr erfreut über die so seltene Übereinstimmung zwischen zwei Liebenden.

Man kann sich denken, wie lange diese Verbindung hält!

Dann spricht Buber über den *echten Dialog*. Dabei hat jeder die Individualität und die besonderen Bedürfnisse des anderen im Auge. Bei einer solchen Kommunikation «sieht man in den an einem vorüberziehenden Menschen nicht die gestaltlose Masse, sondern eine Ansammlung von Individuen, die alle ohne Ausnahme als Persönlichkeiten angesehen werden können». Nach Buber sollte jedes echte Gespräch das Wohl des Partners zum Ziel haben. Es sollte darauf gerichtet sein, die Anlagen dieses Menschen zu fördern und ihm beizustehen, und es sollte eine tiefe Achtung vor seinem Potential zum Ausdruck bringen. Mit anderen Worten heißt das: «Alles, was ich sage, soll dich anregen, dir Frieden bringen und dir helfen, dein ganzes Potential voll zu entfalten. Was ich sage, soll uns ganz nahe zusammenbringen. Du besitzt Würde, und deshalb muß mein Umgang mit dir ein Angebot aller Gaben sein, die du verdienst, und das ist *mein ganzes Ich* in diesem Augenblick.» Wäre es nicht wunderbar, wenn wir so mit denen sprechen würden, die wir lieben? Wie sehr könnten wir uns aneinander freuen, voneinander lernen und einander unterstützen.

Wenn wir die Verbindung aufgenommen haben, wie können wir dann dafür sorgen, daß sie nicht wieder abreißt?

Wir alle wissen, daß wir uns nicht nur durch Wörter verständigen. Es gibt viele Sprachen: die der Wörter, die des Schweigens, die des Handelns und die des Zuhörens.

Wörter sind wunderbar, aber sie sind keine *Dinge*. Wörter bezeichnen Dinge, sie sind aber nicht diese Dinge selbst. Wir sehen zum Beispiel ein weibliches Wesen über die Straße gehen und bezeichnen es als «Dame» oder «Frau». Die Wörter Dame und Frau sind Symbole für die Person, aber die Person ist mehr als ein Symbol – sie kann eine Mutter, eine Geschäftsfrau, eine Tochter, eine Schwiegermutter, ein einsamer Mensch, ein fröhlicher Mensch und unendlich vieles andere sein.

Wörter sind nur phonetische Symbole (Laute), die in einer vereinbarten Reihenfolge aneinandergereiht sind und eine bestimmte Bedeutung haben. Wir hätten den Gegenstand «Wagen» zum Beispiel auch als «Jup» oder «Liz» oder sonstwie bezeichnen können. Es wäre trotzdem der Gegenstand «Wagen», wenn wir ihn nicht gerade so genannt hätten.

Mark Twain hat eine sehr komische Kurzgeschichte geschrieben, in der Eva sich einmischt, als Adam seinen Auftrag erfüllen will, alle Dinge in der Welt zu benennen. Adam erweist sich als erschreckend phantasielos. Eva hingegen bezeichnet alles nach charakteristischen Eigenschaften. So nennt er zum Beispiel den Ort, an dem er lebt, den Garten Eden. Eva korrigiert ihn und weist darauf hin, daß hier nichts an einen Garten erinnert. Die Landschaft sei viel eher ein Park. Sie besteht deshalb darauf, den Ort Niagara

Falls Park zu nennen. Damit soll natürlich gesagt sein, daß Wörter nur Werkzeuge sind, mit denen wir unsere Umwelt organisieren. Wir können alles so nennen, wie es uns gefällt.

Wir lernen Wörter schon in frühester Kindheit. Wir haben kaum eine andere Möglichkeit, unsere Welt zu ordnen, als dadurch, daß wir Wörter als Symbole verwenden. Die wichtigen Menschen in unserer Umgebung lehren uns ein praktisch verwendbares Vokabular – die im Lexikon angegebene Bedeutung der Wörter, ihren intellektuellen Inhalt. Wir denken mit den Wörtern, die sie uns vermitteln, und wir werden zu dem, was wir denken. Aber es ist alles noch viel komplexer. Mit jedem Wort, das wir denken, verbinden wir auch einen emotionalen Inhalt. Das Wort weckt in uns ein bestimmtes Gefühl. Nehmen wir zum Beispiel das Wort *Mutter*. Wir können diesen Begriff einfach als *weiblichen Elternteil* definieren. Das ist richtig. Das ist der intellektuelle Inhalt des Wortes, aber es ist doch eine sehr oberflächliche Definition, wenn wir daran denken, welche einzigartigen Erfahrungen wir mit unseren Müttern machen. Das Wort *Mutter* kann Freude in uns auslösen – «Wie schön wird es sein, Mutter wiederzusehen.» «Mutters *lasagna* läßt sich mit nichts vergleichen!» Dasselbe Wort kann auch negative Gefühle in uns wecken – «O nein! Sie ist langweilig!» oder «Wenn Mutter mitkommt, bleibe ich zu Hause!» Es zeigt sich also, daß der emotionale Inhalt eines Wortes die gleiche, wenn nicht eine größere Bedeutung hat als der intellektuelle Inhalt.

Wörter lösen auch heute noch Reaktionen des Hasses, der Angst oder Furcht, der Sorge und der Ablehnung aus – Reaktionen, die wir als Kinder gelernt haben, als uns das jeweilige Wort zum ersten Mal begegnete; denn wir haben uns als Erwachsene nie die Mühe gemacht, die Bedeutung von Wörtern neu zu definieren.

Es gibt Menschen, die «N. N.» leidenschaftlich hassen. Andere lehnen, ohne viel darüber nachzudenken, bestimmte Rassen, Religionen, Sitten und Glaubensvorstellungen ab, einfach als Reaktion auf das Symbol, nicht aber aufgrund von eigenen praktischen Erfahrungen. Sie meiden den Umgang mit Personen, die diese Symbole repräsentieren, mißtrauen ihnen und wollen sie sogar vernichten. Die Kommunikation mit Menschen, die so starke emotionale Zwangsvorstellungen haben, scheitert in den meisten Fällen, bevor sie begonnen hat.

Wie reagieren Sie, wenn Sie die Wörter Kommunist, Jude, Atheist, Krebs, Vergewaltigung, Gott, Liebe, Hoffnung, Versöhnung, Ekstase hören? Haben Sie sich einmal die Mühe gemacht, diese Wörter entsprechend Ihrem gegenwärtigen Reifegrad zu analysieren? Die meisten von uns sind jetzt viel sensibler, erfahrener und gebildeter als damals, als wir diese Wörter in unseren Sprachschatz aufgenommen haben – diese Zeit liegt inzwischen vielleicht Jahrzehnte zurück. Haben Sie jemals versucht, Wörter neu zu definieren und Ihr ganz persönliches, erwachsenes Wörterbuch zu schreiben?

Als Kind sind mir viele Etiketten angehängt worden, die mich gekränkt haben: Dago (= Welscher), Wop (= Italoamerikaner), arm, katholisch, geistig behindert, spindeldürr. Fast jeder kennt solche kränkenden Etiketten. Viele von uns werden immer noch nach solchen Etiketten beurteilt, ausgeschlossen oder aufgenommen, geliebt oder gehaßt. Die Nazis haben Millionen von Juden ermordet, nicht weil sie Menschen waren, sondern nur weil sie Juden waren. Noch heute werden überall in der Welt Menschen ermordet, weil man ihnen bestimmte politische oder religiöse Etiketten angehängt hat.

Wenn wir mit anderen ein Gespräch beginnen wollen, müssen wir also in der Wahl unserer Worte vorsichtig sein; denn die Worte können sich auch gegen uns wenden! Wir können und müssen unsere Worte beherrschen. Wir können unsere Definitionen und Gefühle, die sie ausdrücken sollen, verändern. Nur so gewinnen wir die Freiheit, unser Leben zu beherrschen; denn die Worte, die wir verwenden, werden in einem sehr konkreten Sinne unsere Glaubenssysteme und unsere Handlungen bestimmen. Wir müssen die Worte beherrschen, um nicht selbst von ihnen beherrscht und in unserer Freiheit begrenzt zu werden!

Worte sind zwar das wichtigste, aber nicht das einzige Kommunikationsinstrument. Saint-Exupéry sagt: «Worte können Anlaß zu großen Mißverständnissen sein.» Wir haben auch die Möglichkeit, uns wortlos zu verständigen. Ich grüße Menschen, denen ich auf der Straße begegne, meistens mit: «Guten Morgen. Wie geht es Ihnen?» Oft antworten sie fast wütend: «Ausgezeichnet!» Und dann denke ich: «Warum sagst du es mir dann nicht?»

Wir sprechen zueinander mit einem Lächeln, einem Händedruck, einer Umarmung, einem Lachen, einem Blick, einer Berührung und ungezählten anderen Gesten. Auch das sind Sprachen, und sie können «lauter sprechen als Worte». Ein Händedruck kann einem viel über einen Menschen sagen. Mit einer Umarmung können wir viele Botschaften aussenden. Ein Blick kann mehr sagen als tausend Worte. Doch nur wenige von uns respektieren die Aussagekraft von wortlosen Botschaften. Wir überlegen uns nicht einmal, was unsere Gesten den anderen über uns sagen.

Vor einiger Zeit mußte ich mich wegen einer schweren Herzstörung stationär in einer Klinik behandeln lassen. Sehr bald spürte ich, welche von den vielen Krankenschwestern, die mich Tag und Nacht versorgten, ihre Pflichten nur routinemäßig erfüllten und welche sich wirklich um die Heilung der Patienten bemühten. Schon die Art, wie mir das Thermometer in den Mund gesteckt wurde, hatte etwas zu bedeuten. Das gleiche galt für das Pulsfühlen, das Massieren des Rückens und die herzliche Begrüßung mit einer flüchtigen Berührung. Das Wohlbefinden kommt von innen, aber die von außen vermittelte Wärme kann es fördern. Meine Besucher hatten mir Blumen und Grünpflanzen mitgebracht. Es machte mir Freude, sie auf der ganzen Station zu verteilen. Ich verschenkte sie, um damit freundschaftliche Beziehungen anzuknüpfen. «Für mich?» fragten die anderen Patienten, und ihr Gesichtsausdruck veränderte sich, ihre Augen strahlten vor Freude. Es war jemand gekommen, der sich für sie interessierte. Ich habe fast in jedem Zimmer neue Freundschaften geschlossen. Die Ärzte machten jeden Morgen ihre medizinische Visite, und Buscaglia war den Rest des Tages damit beschäftigt, Freundschaftsbesuche zu machen. Meine Genesung ging erstaunlich schnell voran – und ich konnte fast täglich feststellen, wie sich auch das Verhalten vieler anderer Patienten veränderte. Ein Mann, der bei meinem ersten Besuch gesagt hatte: «Wer, zum Teufel, kümmert sich schon um mich? Ich könnte ebenso gut sterben!», begleitete mich am Tag vor meiner Entlassung durch die ganze Station. Etwas zu «sagen» ist gut und schön, aber wenn man etwas «tut», kann man sehr viel mehr bewirken. Vor Jahren hatte ich einen buddhistischen Lehrer. Von ihm habe ich etwas gelernt: «Wissen *und nicht handeln* heißt ‹noch nicht wissen›!»

Zu jedem Gespräch gehören zwei, wenn wir kein Selbstgespräch führen wollen. Dabei redet gewöhnlich der eine, und der andere hört zu. Aber gute Zuhörer sind ebenso selten wie feinfühlige Redner. Die meisten von uns beherrschen die Kunst des Zuhörens nicht mehr. Wenn wir überhaupt hinhören, was selten genug vorkommt, dann vernehmen wir im Hintergrund ständig die Störgeräusche unserer eigenen vorgefaßten Meinungen, und schließlich hören wir nicht das, was der andere uns sagen will, sondern nur, was wir hören wollen. Oft stellen wir fest, daß die Menschen schon auf unsere Fragen antworten und Lösungen für unsere Probleme bereithalten, bevor wir sie selbst geäußert haben.

Ich habe vor einiger Zeit festgestellt, daß der Mensch durchschnittlich 125 Worte in der Minute sprechen kann. Der Zuhörer kann 400 bis 600 Worte in der Minute aufnehmen. Ob jemand wirklich aufmerksam zuhört, hängt davon ab, wie er die Intervalle nutzt. Bereiten wir unseren eigenen Dialog vor? Planen wir den Speisezettel für morgen? Überlegen wir uns, was wir tun könnten oder wo wir jetzt lieber wären? Sind wir uns des Verhaltens, der Kleidung, der Ausdrucksweise und der sexuellen Ausstrahlung des Menschen bewußt, der zu uns spricht? Alle diese Dinge scheinen oft zur gleichen Zeit auf uns einzustürmen, und erst später, wenn es zu Auseinandersetzungen kommt, erkennen wir, wieviel wir verpaßt haben.

Das kluge Gedicht «Zuhören» eines anonymen Verfassers spricht davon, wie schwer es ist, wirklich zuzuhören.

> Wenn ich dich bitte, mir zuzuhören,
> und du mir Ratschläge gibst,
> hast du mir meine Bitte nicht erfüllt.
> Wenn ich dich bitte, mir zuzuhören,
> und du mir sagst,
> warum ich dies Gefühl nicht haben sollte,
> dann trittst du meine Gefühle mit Füßen.
> Wenn ich dich bitte, mir zuzuhören, und du glaubst, du
> müßtest meine Probleme lösen,
> dann hast du mich enttäuscht,
> so seltsam das auch klingen mag.
> Vielleicht ist das der Grund dafür,
> daß manche Menschen beten.
> Denn Gott ist stumm und gibt uns keine Ratschläge.
> Er versucht auch nicht, unsere Probleme zu lösen.
> Er hört nur zu und überläßt es dir,
> das Notwendige zu tun.
> Darum bitte ich dich, höre mir nur zu.
> Und wenn du sprechen willst,
> dann warte eine kleine Weile,
> bevor du redest,
> und ich verspreche dir,
> dich anzuhören.

Das Mitteilen – so wichtig für eine liebevolle Beziehung – hört auf, sobald du spürst, daß der andere dir nicht zuhört oder gleichgültig ist, und das Traurige daran ist, daß uns oft keine zweite Chance geboten wird.

Eine dritte, sehr bedeutsame Art der Kommunikation bedarf ebenfalls keiner Worte. Es ist die Kommunikation, die sich in unserem Handeln ausdrückt. Vielleicht erinnern Sie sich an die Liebesbotschaft von Eliza Doolittle in dem großartigen Musical «My Fair Lady» von Lerner und Lowe, «Show me!» Wenn du mich liebst, ruft sie, dann rede nicht nur davon – beweise es mir durch deine Taten! Tut etwas Liebevolles füreinander! Seid rücksichtsvoll! Drückt eure Gefühle durch Taten aus! Koche ihm sein Lieblingsgericht! Schicke ihr die Blumen! Vergiß nicht den Glückwunsch zum Geburtstag oder Jahrestag. Erfindet eure eigenen Festtage, an denen ihr eure Liebe feiern könnt – wartet nicht einfach auf den Valentinstag.

Und nun die letzte Frage.

Was tun wir, anstatt zu sagen: «Ich liebe dich»?

Nur allzuoft distanzieren wir uns von dem anderen, wir sind destruktiv, schüchtern den anderen ein, enttäuschen ihn, demütigen ihn, kritisieren ihn und wissen nicht, wie wir das ändern sollen. Eine neue liebevolle Sprache kann unsere Haltung ändern.

In ihrem wichtigen Buch «The Human Connection» (Die menschliche Verbindung) erklären Ashley Montagu und Floyd Matson, die Liebe sei die höchste Form der Kommunikation. Sie schreiben:

Kommunikation bedeutet für den Menschen, «wie man sagt, das Aufeinandertreffen von Symbolen»; sie umfaßt eine Vielzahl von Signalen. Sie ist jedoch mehr als Medien und Botschaften, Informationen oder der Versuch, andere zu überzeugen; sie befriedigt auch ein tieferes Bedürfnis und dient einem höheren Zweck. Ob klar oder unverständlich, turbulent oder ruhig, bewußt oder in verhängnisvoller Weise unbeabsichtigt, Kommunikation ist die Basis jeder Begegnung und das Fundament der Gemeinschaft. Sie ist, kurz gesagt, die wichtigste Verbindung zwischen den Menschen.

Wenn Sie also die Verbindung zu einem anderen Menschen in einer auf Liebe gegründeten Beziehung aufnehmen wollen, wird Ihnen vielleicht das Folgende von Nutzen sein:

● *Sage* mir immer wieder mit Worten, Taten und Gesten, daß du mich liebst. Glaube nicht, daß ich es schon weiß. Vielleicht werde ich so tun, als sei es mir peinlich, und bestreiten, daß ich eine solche Bestätigung brauche – aber glaube mir nicht, sondern tue es trotzdem.

● Beglückwünsche mich, wenn ich etwas geleistet habe, und tadle mich nicht, sondern ermutige mich, wenn ich versage. Nimm die vielen Dinge, die ich für dich tue, nicht als Selbstverständlichkeiten hin. Wenn du mich bestärkst und anerkennst, dann wirst du mich damit veranlassen, diese Dinge wieder zu tun.

● Laß es mich wissen, wenn du dich niedergeschlagen, einsam oder mißverstanden fühlst. Das wird in mir das Gefühl stärken, dich trösten zu können. Unausgesprochene Gefühle können destruktiv sein. Vergiß nicht, daß ich, obwohl ich dich liebe, deine Gedanken nicht immer lesen kann.

• Bringe deine freudigen Gedanken und Gefühle zum Ausdruck. Sie steigern die Vitalität unserer Beziehung. Es ist wunderbar, Tage zu feiern, an denen keiner von uns Geburtstag hat, und persönliche Valentinstage einzulegen. Gib mir Geschenke aus Liebe, ohne daß ein besonderer Grund dafür besteht, und sage mir, wenn du glücklich bist.

• Wenn du mich beachtest, so daß ich mich als etwas Besonderes fühle, dann wird mich das dafür entschädigen, daß im Lauf des Tages so viele Menschen an mir vorübergegangen sind, ohne mich zu sehen.

• Nimm mir nicht dadurch meine Selbstachtung, daß du mir sagst, was ich sehe oder fühle, sei unbedeutend oder entspräche nicht der Wirklichkeit. Wenn ich es sehe und fühle, dann ist es – für mich – meine Erfahrung und deshalb bedeutungsvoll und real!

• Höre mich unvoreingenommen an, ohne zu urteilen. Gehört zu werden ist ebenso wichtig wie gesehen zu werden. Wenn du mich wirklich siehst und hörst, wie ich im Augenblick bin, dann ist das eine dauernde Bestätigung meines Daseins, während wir einander helfen, uns zu verändern und weiterzuentwickeln.

• Berühre mich. Halte mich fest. Umarme mich. Meine Lebenskraft wird gestärkt durch liebevolle wortlose Kommunikation.

• Respektiere mein Schweigen. Alternativen für meine Probleme, Kreativität und meine spirituellen Bedürfnisse werden am häufigsten in der Stille realisiert.

● Laß andere wissen, daß ich dir etwas bedeute. Die öffentliche Bestätigung unserer Liebe macht mich stolz und froh. Es ist gut, die Freude an unserer Gemeinsamkeit mit anderen zu teilen.

Wahrscheinlich werden Sie glauben, daß Menschen, die sich lieben, das alles nicht brauchen. Sie werden meinen, diese Dinge geschähen spontan. Aber das ist nicht so. Gerade diese Aspekte der Kommunikation sind die Eckpfeiler einer gesunden Liebesbeziehung. Und es sind die schönsten und harmonischsten Töne, die wir auf dieser Welt zu hören bekommen!

Einander lieben
mit Aufrichtigkeit

*Die Wahrheit, die ganze Wahrheit und
nichts als die Wahrheit.*

EIDESFORMEL

*Es gibt nicht so etwas wie die absolute
Wahrheit – das ist die absolute Wahrheit.*

ANONYM

*Und Pilatus sagte: «Was ist Wahrheit?»
(Er war so klug, nicht auf die Antwort zu
warten.)*

Es wird berichtet, daß sich Diogenes im 4. Jahrhundert vor Christus auf die Suche nach einem ehrlichen Menschen begeben habe. Er ging am hellichten Tage mit einer Lampe in der Hand durch die ganze Stadt, aber es gelang ihm nicht, einen solchen Menschen zu finden.

In der ganzen psychologischen, philosophischen und religiösen Literatur wird immer wieder behauptet, eine gesunde, dauerhafte zwischenmenschliche Beziehung müsse auf Ehrlichkeit und Wahrhaftigkeit gegründet sein. Es ist für uns entscheidend wichtig zu wissen, daß wenigstens die Menschen, die wir lieben und die uns lieben, uns die Wahrheit sagen und ehrlich mit uns umgehen. Wie können wir sonst überleben? Und doch wäre es interessant zu wissen, ob jemand, der diese Seiten liest, mit absoluter Bestimmtheit sagen kann, er kenne einen völlig ehrlichen Menschen. Im allgemeinen verbergen wir unsere Unsicherheit im Hinblick auf diese Frage hinter ausweichenden Gegenfragen wie: «Was meinen Sie mit ehrlich?», «wie ehrlich?», «unter welchen Voraussetzungen?», «wem gegenüber?», «ehrlich in wichtigen Angelegenheiten?». Das läßt darauf schließen, daß die meisten von uns meinen, es gäbe verschiedene Arten und Abstufungen der Ehrlichkeit.

Wie wir den Begriff der Ehrlichkeit auch definieren, es ist unbestreitbar, daß Unehrlichkeit einer der Hauptgründe für das Scheitern zwischenmenschlicher Beziehungen ist. Unehrlichkeit hat dazu geführt, daß Familien auseinanderbrechen, Liebende sich mißhandeln oder einander sogar, wie es heißt, «aus Leidenschaft» töten, daß Geschäftsbeziehungen aufgelöst werden, Regierungen stürzen und die blutigsten Kriege geführt werden. Wenn wir glauben, fürchten zu müssen, daß die Wahrheit zu einer noch so kleinen Krise führen könnte, halten wir es oft für klüger zu lügen und entschuldigen das mit den Worten «solange niemand dadurch verletzt wird».

Eine 1969 im Nachrichtenmagazin *Time* veröffentlichte Umfrage von Louis Harris zeigte, daß sechs von zehn Amerikanern es für gerechtfertigt hielten, gelegentlich zu lügen. Ein Prozent der Befragten waren der Meinung, man dürfe unter allen Umständen und zu jeder Zeit lügen, 58 Prozent sagten, man dürfe es manchmal tun. 38 Prozent waren der Meinung, man dürfe niemals lügen, und 3 Prozent wollten sich nicht entscheiden und sagten, sie wüßten es nicht. Ich glaube, daß sich viele von uns nicht genügend mit diesem Problem auseinandergesetzt haben, um sich eine klare Meinung zu bilden. Wir sagen «nichts als die Wahrheit», aber wir lügen, wenn wir unsere Steuererklärung abgeben. Wir sind uns darin einig, daß «Ehrlichkeit die beste Politik ist», aber wir denken nicht daran, denen, die uns danach fragen, ehrlich zu sagen, was wir von ihnen halten. Das gilt mit Sicherheit nicht nur für die Bewohner der Vereinigten Staaten. Die alten Griechen wurden sogar zum Lügen erzogen und lernten, wie man es am besten verhindert, dabei ertappt zu werden. Der große griechische Philosoph Sokrates wurde hauptsächlich deshalb zum Tode verurteilt, weil er die Wahrheit gesagt hatte; denn seine Richter glaubten, seine *Wahrheit* werde die Jugend verderben.

Im alten China praktizierte man die «schuldlose Unehrlichkeit». Anstelle einer kompromißlosen Wahrheitsliebe, mit der man andere kränken könnte, empfahl man eine Art Unaufrichtigkeit «aus Gefälligkeit». Noch heute halten wir uns an solche Wertbegriffe. In allen Gesellschaftsschichten und überall, wo sich Menschen begegnen, stoßen wir auf

Unaufrichtigkeit. Das gilt für die flüchtigsten zwischenmenschlichen Beziehungen ebenso wie für die komplexen Verbindungen der internationalen Politik. Wer nicht bereit ist, wirklich zu lügen, flüchtet sich in Halbwahrheiten oder weigert sich, überhaupt eine Aussage zu machen. Es gibt Philosophen und Soziologen, denen zufolge es fraglich ist, ob ein Individuum oder eine Gesellschaft überleben kann, wenn jeder sich stets an die ganze Wahrheit hält. Marcel Eck hat gesagt: «Eine Gesellschaft, in der jede Wahrheit ans Licht käme, wäre eher mit der Hölle als mit dem Paradies zu vergleichen.» Dann fährt er fort: «Manchmal sind wir sogar verpflichtet, nicht die Wahrheit zu sagen.» Viele behaupten auch, daß die Menschen gar nicht die Wahrheit hören wollen.

Unsere Gerichte schreiben uns die Eidesformel vor: «Die Wahrheit, die ganze Wahrheit und nichts als die Wahrheit». Und dann erleben wir, wie geschickte Anwälte subtile «Versionen» der Wahrheit vortragen, die ihre Mandanten in einer bestimmten Situation in einem günstigen Licht erscheinen lassen. Sie rechtfertigen sich damit, daß sie behaupten, nicht zu lügen, sondern die Tatsachen nur in angemessener Form anzuordnen und darzustellen.

Werbefachleute sagen uns im Brustton der Überzeugung, das von ihnen empfohlene Produkt sei das beste. Sie garantieren uns die volle Befriedigung unserer Wünsche, wenn wir es benutzen. Sie versprechen uns, unsere Krankheiten zu heilen, uns die Schlaflosigkeit zu nehmen, unser Übergewicht abzubauen, unsere sexuellen Bedürfnisse zu befriedigen und unsere Liebessehnsüchte zu erfüllen. Auch die Gutgläubigsten unter uns wissen, daß sie belogen werden, aber wir hören diese Werbung so oft und stumpfen so dagegen ab, daß wir keinen Anstoß mehr daran nehmen.

Und dann kaufen einige von uns diese Produkte sogar und hoffen, an diesen Versprechungen könnte vielleicht doch etwas Wahres sein.

Journalisten, die uns erzählen, sie betrachteten es als ihre Pflicht, uns die Wahrheit zu sagen, lügen oft, um auf diese Weise an die Wahrheit heranzukommen. Politische Führer verkünden anspruchsvolle Wahlprogramme und machen unmögliche Versprechungen, die sie angeblich erfüllen wollen, wenn sie gewählt werden. Sie wollen den Etat ausgleichen, die Kriminalität bekämpfen, Kriege beenden, die Armut beseitigen und dafür sorgen, daß jeder «sein Huhn im Topf hat». Einige behaupten sogar, sie könnten das Familienleben in Ordnung bringen und die Moral in einer vom Verfall bedrohten Gesellschaft wiederherstellen. Obwohl man uns schon seit mehr als hundert Jahren versichert hat, der amerikanische Traum von der Freiheit, Gerechtigkeit und Gleichheit für alle werde sich verwirklichen lassen, haben wir die Hoffnung immer noch nicht aufgegeben. Wir sind zwar nicht so töricht, das alles zu glauben, aber man hat uns im Lauf der Jahre einfach daran gewöhnt, gar nicht mit der ganzen Wahrheit zu rechnen. Sogar die Strafverfolgungsbehörden wenden betrügerische Methoden an, um Kriminelle zu wahrheitsgemäßen Aussagen zu veranlassen. Ärzte sprechen davon, daß sie uns vor der Wahrheit schützen müssen. Lehrer und Studienberater glauben oft, sie müßten uns von der Wahrheit abschirmen. Wir haben uns so sehr an diese Methoden gewöhnt, daß wir sie als harmlos, trivial und sogar normal ansehen. Wir wollen dahinter nur noch die gute Absicht sehen und sagen selbst, «wie schön, Sie zu treffen», wenn wir dem anderen am liebsten aus dem Wege gehen würden. Zu Menschen, die wir nicht ausstehen können, sagen wir: «Wir müssen uns bald wiedersehen.» Wir rufen aus, «was haben Sie für eine attraktive Frisur», wenn wir uns in Wirklichkeit fragen, ob der Friseur tatsächlich sein Handwerk gelernt hat. Wir bedanken uns überschwenglich für Geschenke, mit denen wir nichts anfangen können, bewundern Babys, die wir gräßlich finden, und täuschen lebhaftes Interesse für Gespräche vor, die uns zu Tode langweilen. Wir schreiben Empfehlungsbriefe für Menschen, die wir los sein wollen, und hoffen, sie niemals wiederzusehen.

Wir behaupten, alle diese Unehrlichkeiten zu begehen, um anderen Menschen Kummer zu ersparen, sie zu schützen oder Unschuldige nicht zu belasten. Es darf uns deshalb nicht verwundern, daß wir die Unehrlichkeit nicht mehr als etwas Negatives ansehen, sondern als etwas im Umgang mit anderen durchaus Notwendiges. Wir ermutigen andere zur Unaufrichtigkeit und tun das mit gutem Gewissen. Wir lehren sogar unsere Kinder, sich so zu verhalten, und sagen ihnen, das gehöre zum Leben eines reifen Erwachsenen.

Ich habe es erlebt, daß Kinder, die noch nicht dazu erzogen waren, sich zu verstellen, Erwachsenen ihre wahre Meinung gesagt haben und dafür aus dem Klassenzimmer oder zum Direktor geschickt worden sind. Und dann sagen wir ihnen mit dem ehrlichsten Gesicht der Welt, Aufrichtigkeit sei in jedem Fall das Beste. Wenn Kinder dafür bestraft werden, daß sie die Wahrheit sagen, und deshalb das Gesicht verlieren, lernen sie sehr rasch, daß es oft viel besser ist, sich in eine «Notlüge» zu flüchten.

Vor einiger Zeit habe ich in einem Kindergarten mit 5- und 6jährigen eine Untersuchung durchgeführt. Ich fragte die Kinder, was sie tun müßten, wenn sie etwas angestellt hätten. Sollten sie es ihren Müttern sagen oder nicht? Die meisten sagten «nein». «Warum nicht?» fragte ich. «Weil sie uns dann schlagen würde», war die häufigste Antwort. «Ist es besser zu lügen und nicht bestraft zu werden, oder soll man immer die Wahrheit sagen?» Die Kinder hielten diese Frage für unsinnig. «Bist du verrückt?» sagten sie. «Natürlich ist es besser zu lügen!»

Der bedeutende Kinderpsychologe Piaget berichtet in seinem Buch «Urteil und Denkprozeß des Kindes» von einem Versuch, den er mit einer Gruppe von Kindern angestellt hat. Er erzählte ihnen die folgende Geschichte: Zwei Kinder zerschlagen ihre Tassen. Die Mutter fragt, wer es getan hat. Das erste Kind leugnet es, und die Mutter glaubt ihm. Das zweite Kind bestreitet es auch, aber die Mutter glaubt ihm nicht und bestraft es streng. Darauf fragt Piaget: «Sind beide Kinder gleich ungezogen?» Die Kinder verneinen es ohne zu zögern. «Welches Kind war das ungezogenste?» Die Kinder antworteten: «Das Kind, das bestraft wurde.»

Wie oft haben wir schon gehört: «Das macht nichts, du darfst dich nur nicht erwischen lassen.» Und doch sagt jede große oder kleine Lüge irgend etwas aus. Es kommt nicht so sehr auf die Lüge als solche an, sondern auf ihre Aussage und ihre möglichen Folgen. Selbst die unbedeutendste Lüge wird auf das Verhalten dessen, der belogen worden ist, gewisse Auswirkungen haben und seine Bereitschaft, anderen zu glauben, irgendwie beeinflussen. So kann also auch eine kleine Notlüge das Verhalten des Belogenen in vielfältiger Weise beeinflussen.

Die Auswirkungen einer Lüge enden nicht in dem Augenblick, da sie ausgesprochen wird. Wenn die Lüge ebenso wie die Wahrheit nur eine einzige Reaktion auslöste, dann brauchte man sich darüber keine besonderen

Sorgen zu machen; denn es gäbe dann nur eine Alternative, zu glauben oder nicht zu glauben. Da es sich aber – in vielen Abstufungen – um mehr oder weniger unschuldige Lügen handelt, haben wir unzählige Möglichkeiten, uns darauf einzustellen, und reagieren meistens mit Verwirrung, Angst, Unsicherheit, Enttäuschung und Mißtrauen.

Wir haben das sehr menschliche Bedürfnis, einander zu glauben und zu vertrauen. Ich glaube, wir würden wahnsinnig werden, wenn wir das Gefühl hätten, niemandem mehr trauen zu dürfen. Das Vertrauen zu anderen Menschen läßt unsere Wertsysteme wachsen und sich verändern. Da das Vertrauen unsere innere Sicherheit stärkt, wächst dadurch auch unsere Risikofreudigkeit.

Wir haben viele Möglichkeiten, einander zu täuschen – Möglichkeiten, die mehr oder weniger destruktiv und pathologisch sind. Es beginnt mit der sogenannten «menschenfreundlichen» Lüge. Sie kommt am häufigsten vor. Jemand hat zum Beispiel fünf Stunden vergeblich auf deinen Anruf gewartet, den du für 2 Uhr nachmittags versprochen hattest. Jetzt ist er wütend. Aber wenn du schließlich doch noch zum Telefon greifst und ihm sagst, «es tut mir leid», dann wird er sich beherrschen und ganz ruhig antworten: «Aber das macht doch nichts.» Wir alle haben schon solche Unwahrheiten gesagt. Wir würden dem anderen nur allzu gern sagen, was wir denken, aber wir wagen es nicht. «Gefällt dir mein neuer Mantel?» «O ja», sagen wir, obwohl wir ihn in Wirklichkeit abscheulich finden. «Es ist ein schöner Mantel, und er steht dir so gut!» «Warum bist du nicht zu meiner Party gekommen?» Wir sagen nicht: «Weil ich deine Parties gräßlich finde», sondern: «Ich habe mich nicht wohl gefühlt». Wenn unsere Lüge Selbstschutz (Egoschutz) ist, dann wollen wir uns damit Unannehmlichkeiten ersparen. Zur Rede gestellt, sagen wir: «Das habe ich doch gar nicht gesagt» oder: «Du hast mich mißverstanden».

Mit anderen Lügen manipulieren wir die Wahrheit, um uns das Leben bequem und angenehm zu machen.

Die unpersönliche Lüge beim Ausfüllen unserer Steuererklärung oder bei der Spesenabrechnung halten wir für gerechtfertigt, weil «das doch jeder macht» und weil das unserer Meinung nach so unbedeutend ist, daß niemandem dadurch geschadet wird.

Mit der Statuslüge versuchen wir, unser Ego aufzublähen. Wir spezialisieren uns auf die Kunst, den anderen immer um eine Nasenlänge voraus zu sein, um sie zu beeindrucken. Wenn sie Erfolg gehabt haben, dann müssen wir noch besser sein.

Das sind nur einige Beispiele für verschiedene Arten von Lügen. Außerdem gibt es die Lüge, mit der wir etwas vertuschen wollen, die konspirative Lüge und viele, viele andere. Ich bin sicher, jeder von uns könnte diese Liste erweitern.

Die meisten Menschen halten solche Lügen nicht für schwerwiegend genug, um sie als wirklich böse zu bezeichnen. In manchen Fällen sind wir sogar davon überzeugt, daß wir uns selbst und anderen nur damit nützen. Wie schon gesagt, bezeichnet man solche Lügen in der Fachliteratur oft als «menschenfreundliche Lügen» und hält sie für gut, rücksichtsvoll, berechtigt.

Der Sekretär des großen Reformators Martin Luther schreibt in einem Brief an Max Lenz, solche Lügen seien nicht gegen Gott gerichtet, und er sei überzeugt, Gott werde Verständnis für sie haben und sie akzeptieren. Er sagt das, obwohl in der Bibel (Offenbarung 22, 15) die Lügner mit Ehebrechern, Mördern und Götzenanbetern auf eine Stufe gestellt werden und ihnen der Eintritt in den Himmel verwehrt wird.

Wenn wir andere Menschen irgendwie täuschen (und Täuschung ist, wie schon gesagt, immer eine Wahlmöglichkeit), dann setzen wir voraus, daß wir Anspruch auf einen Sonderstatus haben. Wir halten es für durchaus zulässig, zu unserem Nutzen zu lügen, empören uns aber sehr oft darüber, daß andere sich das Recht nehmen, uns zu belügen. Vielleicht glauben wir, daß unsere gelegentliche Unaufrichtigkeit keine besondere Bedeutung hat, doch oft bedenken wir nicht, daß andere ebenso auf Täuschungen reagieren wie wir. Außerdem ist mit dem Lügen immer ein gewisses Risiko verbunden. Wir könnten beim Lügen ertappt werden. Der Lügner muß deshalb genau wissen, wo und wann er gelogen hat, und ist im Lauf der Zeit oft gezwungen, seine Unwahrheiten mit immer neuen Lügen zu erklären und glaubhaft zu machen. Man sagt, Lügner müssen ein ausgezeichnetes Gedächtnis haben; denn wenn sie einmal überführt worden sind, werden sie ein für allemal unglaubwürdig.

Aufrichtigkeit kann eine komplizierte Angelegenheit sein. Wer bestimmt zum Beispiel, ob eine Lüge unbedeutend ist? Wer soll die Bedeutung und das Ausmaß einer Unwahrheit beurteilen? Gibt es wirklich Lügen, die psychologisch vertretbar sind, die den anderen eher fördern als verletzen und die niemandem schaden?

Die meisten von uns wissen, wie schmerzlich es ist, getäuscht zu werden, besonders wenn wir von denen belogen werden, die wir lieben. Unsere persönliche Sicherheit beruht darauf, daß wir von der Ehrlichkeit der von uns geliebten Menschen überzeugt sind. Wenn dieses Vertrauen erschüttert oder uns genommen wird, dann kann unser Leben zeitweilig (oder bei manchen sogar für immer) zerstört sein. Wenn unsere Liebe stark genug ist, können wir die Situation vielleicht akzeptieren oder uns mit dem Verstand sagen, daß es nicht aus böser Absicht oder um uns zu kränken geschehen ist. Vielleicht werden wir sogar die Toleranz aufbringen, mit der Unaufrichtigkeit fertig zu werden und sie schließlich auch zu akzeptieren. Dann erkennen wir das allzu Menschliche des anderen an und verzeihen ihm.

Clark Moustakas sagt in seinem Buch «Creative Life» (Schöpferisches Leben):

> In einer Beziehung mit einem anderen Menschen ehrlich zu sein ist manchmal außerordentlich schwer und schmerzlich. Und doch werden in dem Augenblick, da ein Mensch von der Wahrheit abweicht, zentrale Fasern des Selbst angerührt, und es beginnt ein Prozeß der Täuschung, eine Art Manipulation des anderen, der daran gehindert wird, «die wirklichen Gedanken und wirklichen Gefühle» seines Partners zu entdecken.

Es gibt viele Möglichkeiten, mit der Wahrheit und der Unwahrheit umzugehen. Da Lüge und Aufrichtigkeit einfach Alternativen sind, können wir zu erkennen geben, daß wir uns für die Wahrheit entscheiden und sie belohnen, wenn sie uns begegnet. Viele von uns haben erfahren, daß es am besten ist, sich für die Wahrheit zu entscheiden. Wenn wir unaufrichtig gewesen sind, hat es sich auf längere Sicht oft erwiesen, daß die Konsequenzen viel destruktiver und schmerzlicher waren als der Konflikt, dem wir mit der Lüge ausweichen wollten.

Da zwischenmenschliche Beziehungen dadurch entstehen, daß wir die Realität des täglichen Lebens miteinander teilen, können wir es nicht riskieren, eine Beziehung auf Lügen aufzubauen, auch nicht auf «menschenfreundlichen» Lügen. Dabei besteht immer die Gefahr, daß auch jedes künftige Einvernehmen auf Täuschung beruhen wird. Unser wirkliches Selbst wird dann bis zu einem gewissen Grad andauernd verletzt, und die Beziehung zum anderen kann zu einer fortlaufenden Serie von Unaufrichtigkeiten werden. Die Sicherheit in der Beziehung zu dem anderen geht verloren.

Die Entscheidung für die Wahrheit als pragmatischer Test für ein tieferes gegenseitiges Verstehen in der Zukunft ist verpaßt. Es werden Zweifel geweckt, welche die Fortdauer der Liebe und des Vertrauens beeinflussen. Der Glaube ist erschüttert. Unser Glaubenssystem ist bedroht. Wenn es im günstigsten Fall gelingt, die Lüge durch die Wahrheit zu ersetzen, ist eine unzugängliche Narbe entstanden, die uns in Zukunft in besonderer Weise verwundbar macht.

Nur die Wahrheit kann uns das Gefühl der Sicherheit geben. Nur die Wahrheit erzeugt in uns das für eine Dauerbeziehung notwendige Vertrauen. Nur die Wahrheit, so schmerzlich sie auch manchmal sein mag, kann eine Atmosphäre der Geborgenheit erzeugen, in der wir harmonisch zusammenleben und uns entwickeln können.

Natürlich ist die absolute Aufrichtigkeit eine schwierige Angelegenheit. Und doch ist sie der Kern jeder auf Liebe beruhenden Beziehung. Ohne sie gibt es kein Vertrauen, und wo das Vertrauen fehlt, kann es keine Liebe geben.

Lügen oder nicht lügen? Dazu sagt Dr. Roger Gould in seinem Buch «Lebensstufen»:

Die Wahrheit, wie wir sie kennen, muß unser Ziel sein, wohin sie uns auch führen mag. Jede Selbsttäuschung führt zu Fehlurteilen und falschen Entscheidungen mit unvorhergesehenen Konsequenzen für unser Leben. Aber noch mehr als das; jede Selbsttäuschung, mit der wir uns schützen wollen, ist ein Riß in unserer Psyche, in dem ein kleiner Dämon lauert, der sich in unerklärliche Angst und Sorge verwandeln kann, wenn wir in eine bedrohliche Situation geraten.

Die Selbsttäuschungen, die uns vor Schmerzen schützen sollen, enden damit, daß sie uns noch mehr Schmerzen bereiten. Wir wollen unsere falschen Vorstellungen vor den natürlichen Korrekturen schützen, die das tägliche Leben vornimmt. Je größer das Gebiet in unserem Denken wird, das wir glauben verteidigen zu müssen, desto mehr werden unsere Denkprozesse beeinträchtigt; wir lassen unsere Gedanken nicht frei schweifen, weil neue Informationen unseren Selbsttäuschungen widersprechen könnten. Je größer die Selbsttäuschungen werden, desto größer wird auch der Teil der Welt sein, von dem wir ausgeschlossen sind.

Eine ganz andere Auffassung vertreten die Verfasser des Buches «Schwindeln Sie auch?», Robert Wolk und Arthur Henley, die sich darin für «das Recht zu lügen» einsetzen:

Der Erfolg in der Ehe ist das Ergebnis von Lügen und von Liebe. Zwar können sich die Gefühle und Gedanken der Partner gut ergänzen, sie sind jedoch zwei verschiedene Menschen, deren Gefühle nicht immer übereinstimmen können. Wollten sie ständig vollkommen aufrichtig miteinander umgehen, dann würden sie sich Wahrheiten an den Kopf werfen, die den anderen unnötig kränken oder für die vielleicht der Zeitpunkt nicht richtig ist. Dadurch könnte das zwischen den Ehepartnern so notwendige delikate Gleichgewicht von Geben und Nehmen gestört werden. Konstruktive, der Situation angemessene und rücksichtsvolle Lügen können beide Seiten vor den unerwünschten Folgen der Wahrheit schützen und die Partner daran hindern, sich auf die Füße zu treten. Deshalb ist das richtige Lügen eine wichtige Voraussetzung für eine erfolgreiche Ehe.

An anderer Stelle erklären die Verfasser: «Die Familie, die zusammen lügt, bleibt zusammen.» Sie meinen damit natürlich nicht destruktive Unwahrheiten, sondern die alltägliche Unaufrichtigkeit, welche die Beziehungen vor ständig wiederkehrenden traumatischen Erlebnissen bewahrt. Sie schreiben:

Eine Lüge lohnt sich nur, wenn die Unwahrheit die Situation im günstigen Sinne beeinflußt. Sie muß sich rechtfertigen lassen, technisch einwandfrei sein und der gegenwärtigen Lage gerecht werden. Um im Hinblick auf eine Lüge die richtige Entscheidung zu treffen, sollte derjenige, der zu lügen beabsichtigt, den möglichen Nutzen gegenüber dem damit verbundenen Risiko abwägen. Dieser Vorgang ließe sich etwa mit dem Spiel «die Wahrheit, oder du mußt die Folgen tragen» vergleichen, das man in diesem Falle mit sich selbst spielt.

Die Verfasser bieten sogar ein Testverfahren an, das es dem Leser ermöglichen soll festzustellen, ob er seine Lüge objektiv genug analysiert hat.

In diesem Zusammenhang muß ich an ein sehr verliebtes junges Ehepaar denken. Die junge Frau konnte überhaupt noch nicht kochen. Sie hatte sich von ihrer Mutter das Rezept für ein Fleischgericht geben lassen, das sie in den ersten Wochen ihrer Ehe zubereitete. Sie fragte ihren Mann, ob es ihm schmeckte. Er wußte, daß sie sich große Mühe gegeben hatte, und wollte sie nicht kränken. Deshalb sagte er: «O ja! Es war ausgezeichnet!» In Wirklichkeit schmeckte es ihm überhaupt nicht. Aber die junge Frau glaubte, ihm damit eine Freude gemacht zu haben, und setzte ihm immer wieder das gleiche Gericht vor. Da sie Schwierigkeiten hatte, das Rezept ihrer Mutter für kleinere Portionen zu berechnen, blieb jedesmal eine Menge übrig, und deshalb kamen die Reste an den folgenden Tagen immer wieder auf den Tisch. Schließlich konnte der junge Mann es nicht mehr ertragen und ärgerte sich so sehr, daß er seiner Frau eines Tages erklärte, er könne dieses Essen nicht mehr sehen, es bliebe ihm im Halse stecken, und sie solle es nicht wagen, ihm dieses Gericht noch einmal vorzusetzen. Die junge Frau war tief gekränkt. Er hatte sie *belogen*! In Tränen aufgelöst sagte sie: «Ich werde dir nie wieder glauben!» Ein an sich unbedeutender Anlaß, aber das Mißtrauen war geweckt.

Das Traurige daran ist, daß die Menschen oft nach solchen an sich unbedeutenden Vorfällen in einem komplexen und verwirrenden Netz des Mißtrauens gefangen werden und ihre Beziehungen schweren Schaden nehmen. Wenn das richtig ist, und die Statistiken scheinen es zu bestätigen, dann sollten wir versuchen, Alternativen für solche kleinen Täuschungen zu finden. Es scheint keinen stichhaltigen Grund dafür zu geben, daß die Wahrheit dem anderen wehtun muß. Sie kann vielleicht sogar, wenn man richtig mit ihr umgeht, die Luft reinigen und die Möglichkeit bieten, gewisse Dinge zu korrigieren.

Sollen wir nun lügen oder ganz auf die Lüge verzichten? Da wir nur Menschen sind, werden wir vielleicht nicht eine so eindeutige Entscheidung treffen können. Wir dürfen dieses Problem aber nicht ignorieren, denn es ist verantwortlich für die große Mehrzahl gescheiterter Beziehungen. Sicherlich können wir uns entscheiden, den anderen zu täuschen, es gibt aber vielleicht auch Alternativen, über die es sich nachzudenken lohnt. Wir müssen uns von der Vorstellung trennen, daß es richtig sei zu lügen und daß die Wahrheit den anderen kränken könnte. Wir müssen bereit sein, der Tatsache ins Auge zu sehen, daß dies oft nur eine billige Ausrede ist; daß, obwohl die Wahrheit manchmal weh tut, es sehr viel kränkender sein kann, von einem Menschen belogen zu werden, den man liebt, und daß eine solche Lüge das Vertrauensverhältnis ein für allemal zerstören kann.

Die Aufrichtigkeit sollte am Beginn einer jeden zwischenmenschlichen Beziehung stehen. Vernünftige Menschen, denen es darauf ankommt, daß das Vertrauen und die Zuneigung im Lauf der Zeit wachsen, ob es nun Liebende oder Geschäftspartner sind, sollten schon sehr bald offen über ihre Einstellung zur Ehrlichkeit miteinander sprechen und sagen, welche Erwartungen sie daran knüpfen. Unter anderem sollten sie sich darüber klar werden, ob sie bereit sind, Lügen hinzunehmen. Es wird manchen geben, der sich lieber belügen läßt, statt mit der Wahrheit konfrontiert zu werden. Nicholas Humphrey hat einmal gesagt: «Leuten die Wahrheit zu sagen, die sie nicht hören wollen, wird als aggressiver Akt aufgefaßt – als ein unerwünschtes Eindringen in die Intimsphäre, in den persönlichen Bereich des anderen.» Solche Menschen halten es für besser, bestimmte Dinge nicht zu wissen, als mit den Sorgen und Unannehmlichkeiten belastet zu werden, die die Wahrheit mit sich bringt. Andere wiederum verlangen nichts als die Wahrheit, erwarten jedoch, daß ihnen die Wahrheit liebevoll beigebracht wird. Allzuoft bezeichnen wir die Wahrheit als «grausame Wirklichkeit». Das muß nicht so sein. Wir können dem anderen die Wahrheit auch schonend beibringen. «Dieses Kleid gefällt mir nicht so gut wie dein blaues. Aber das ist nur *meine* Meinung, und ich bin nicht Yves St. Laurent.» Das ist leichter anzunehmen, als wenn wir sagen: «Es ist geschmacklos und gefällt mir überhaupt nicht!»

Es ist realistisch zu glauben, daß wir es während unseres ganzen Lebens in den Beziehungen zu anderen Menschen mit dem Konflikt zwischen Unaufrichtigkeit und Aufrichtigkeit zu tun haben werden. Wie können wir von anderen erwarten, daß sie vollkommen ehrlich zu uns sind, wenn wir uns sogar selbst belügen? Wir müssen bereit sein anzuerkennen, daß wir gelegentlich von der Wahrheit abweichen werden. Wir müssen erkennen, daß dies eine ganz menschliche Schwäche ist, und aus solchen Erfahrungen lernen, künftig aufrichtiger zu sein. Ich glaube jedoch, wenn uns etwas daran liegt, gute und dauernde Beziehungen zu anderen zu entwickeln, dann müssen wir uns unbedingt um Aufrichtigkeit und Wahrheit bemühen.

Einander lieben
heißt auch vergeben können

Da unsere Absichten nie ohne Fehler sind, da jeder Versuch, den wir unternehmen, dem Irrtum unterliegt und alles, was wir erreichen, seine Grenzen und Mängel hat – was eben menschlich ist –, liegt unsere einzige Rettung in der Vergebung.

DAVID AUGSBURGER

Da trat Petrus zu ihm und sprach: «Herr, wie oft muß ich denn meinem Bruder, der an mir sündigt, vergeben? Ist's genug siebenmal?»
Jesus sprach zu ihm: «Ich sage dir: Nicht siebenmal, sondern siebzigmal siebenmal.»

MATTHÄUS 18, 21–22

Vergeben. Um dieses Wort liegt eine wunderbare Aura, eine große Wärme und Kraft. Es weckt in uns die Vorstellung des Loslassens und der Befreiung, eines Verhaltens, das die Kraft hat, Schmerzen zu lindern, zu heilen, zusammenzuführen und Neues zu schaffen.

Ich bin mit einer Frau befreundet, deren Mann bei einem Autounfall ums Leben gekommen ist. Der «Mörder» ist ein verheirateter Geschäftsmann und Vater von drei Kindern. Der Unfall ereignete sich, als er nach einem Essen mit Geschäftsfreunden betrunken nach Hause fuhr. Er wurde wegen fahrlässiger Tötung mit Gefängnis bestraft. «Wie sollte ich ihm vergeben?» fragte meine Freundin empört. «Am liebsten sähe ich ihn in der Hölle. Er hat *meinen* Mann und den Vater *meiner* Kinder umgebracht! Er sollte für immer im Gefängnis bleiben.» Ich frage mich, ob sie sich überhaupt vorstellen kann, wie sehr er schon gelitten hat und wie ihn dieser Unfall belastet.

Eine Frau, die auf der Straße überfallen worden war, reagierte ebenso. «Der Gedanke an ihn verfolgt mich immer noch», flüsterte sie mit Tränen der Wut in den Augen. «Er hat mir Schaden zugefügt. Er hat mich in einer Weise geängstigt und mißtrauisch gemacht, die ich nicht vergessen kann. Ich hasse ihn! Und es beruhigt mich auch nicht zu wissen, daß er im Gefängnis sitzt. Was nützt das schon? Er hat es verdient zu sterben! Vielleicht werde ich meine Angst eines Tages überwinden können. Aber vergeben werde ich ihm niemals!»

«Ich kann es meinen Eltern nicht verzeihen, daß sie mich mit ihren neurotischen Ideen vergiftet haben. Es ist ihre

Schuld, daß ich mich vor dem Leben fürchte. Jetzt, da sie älter geworden sind, kommen sie zu mir und erwarten, daß ich sie liebe. Sie können nicht begreifen, weshalb ich ihnen aus dem Wege gehe. Jetzt müssen *sie* leiden!» sagte mir einer meiner Studenten.

«Seit unserer Scheidung unternimmt meine Frau alles, um mich von meinem Sohn fernzuhalten. Sicher habe ich einen dummen Fehler begangen. Ich habe sie verletzt. Aber sie rächt sich in furchtbarer Art an mir. Ich habe ihr gesagt, es täte mir leid, und das ist wahr. Was kann ich sonst noch tun? Ich kann das, was ich getan habe, nicht ungeschehen machen. Ich bin heute immer noch derselbe Mann, den sie geliebt und geheiratet hat. Aber sie bringt es nicht übers Herz, mir zu verzeihen.»

Ein Opfer des Holocaust erklärte, wenn er seinen Folterknechten und den Mördern seiner Angehörigen und Freunde vergeben wollte, dann rechtfertigte er damit ihre Brutalität. «Ich werde sie hassen, solange ich lebe, und ich werde dafür beten, daß sie ergriffen und bestraft werden; das Gerechtigkeitsgefühl in mir ist immer noch sehr lebendig. Eine Gefängnisstrafe oder sogar ihr Tod können das, was sie getan haben, niemals wieder gutmachen, aber sie beweisen wenigstens, daß es in dieser Welt noch eine Gerechtigkeit gibt.»

Das sind alles sehr konkrete und sehr schmerzliche Erfahrungen. Wenn man Unrecht erleidet und körperlich oder psychisch gequält wird, entstehen tiefe Wunden. So scheint es nur menschlich und natürlich, Gerechtigkeit zu fordern und nach «süßer Rache» zu verlangen.

Anderen zu verzeihen ist, so schwierig es sein mag, nur ein Teil des Problems. Oft ist es ebenso schwierig, uns selbst die eigenen Fehler zu vergeben. Ein sehr lebendiges und bekanntes Beispiel dafür findet sich in dem glänzend geschriebenen Roman «Sophies Entscheidung» von William Styron. Sophie, ein Opfer wahnsinniger und sadistischer Nazis, wird gezwungen, eine Entscheidung zu treffen. Sie soll sagen, welches ihrer Kinder sterben und welches am Leben bleiben soll. Sie wird aufgefordert, diese Entscheidung sofort zu treffen, und man sagt ihr, wenn sie es nicht täte, würden beide Kinder getötet. Sie ringt sich zu dieser furchtbaren Entscheidung durch. Sie bleibt zwar selbst am Leben, wird aber von entsetzlichen Schuldgefühlen gequält. Die Sühne oder Befreiung kommt erst, als sie eine selbstzerstörerische Beziehung zu einem geistesgestörten Mann aufnimmt, der sie schließlich umbringt und von ihren Qualen erlöst.

Ein Priester hat mir von einem Mann erzählt, der ihn fast jede Woche aufsucht, um mit ihm über seine schrecklichen Schuldgefühle zu sprechen. Es belastet ihn so sehr, daß er seiner Frau nicht eine lang ersehnte Reise nach Honolulu ermöglicht hat, bevor sie starb. Noch Jahre später macht er sich Vorwürfe, weil er sie verletzt und ihr ein wohlverdientes Glück vorenthalten hat.

Vor einiger Zeit habe ich aber auch von einer Frau in Florida gehört, die brutal mißhandelt, vergewaltigt, in den Kopf geschossen und dann liegengelassen worden war, aber erstaunlicherweise alles überlebt hat. Als Folge der Kopfwunde ist sie erblindet. Sie wurde im Fernsehen interviewt, und der Sprecher fragte sie nach den bitteren Empfindungen und den nicht mehr verheilenden Narben, mit denen sie für den Rest ihres Lebens fertig werden müßte. Ihre erstaunliche Antwort lautete sinngemäß: «O nein! Dieser Mann hat mir eine einzige Nacht meines Lebens genommen, und ich weigere mich, ihm auch nur noch eine weitere Sekunde zu geben!»

Ein Bericht in der *New York Times* erregte großes Aufsehen. Ein Ehepaar war ins Gefängnis gegangen, um den Mann, der die 22jährige Tochter des Ehepaares vergewaltigt und ermordet hatte, zu umarmen und ihm zu verzeihen. Die Geschichte von Bob und Goldie Bristol wird in dem Buch «When It's Hard to Forgive» (Wenn es schwer ist zu verzeihen) in sehr einfühlsamer Weise erzählt. Es schildert das Entsetzen und den Schmerz, den sie empfanden, als sie von der Ermordung ihrer Tochter erfuhren, und ihre Entscheidung, dem Himmel die Vergeltung zu überlassen. Gewappnet mit einer tiefen Religiosität beschlossen sie, ihren Feind in Liebe zu umarmen. Nach vielen vergeblichen Versuchen, mit Tom (das ist der fiktive Name, den sie dem Mörder ihrer Tochter gaben) in Verbindung zu treten, erklärte sich dieser schließlich bereit, sie zu empfangen. Mrs. Bristol beschreibt ihre Begegnung im Gefängnis mit bewegend einfachen Worten:

Die Tür ging auf, und Tom kam ins Zimmer. Er war etwa 1.80 m groß, dunkelhaarig und muskulös, sauber angezogen und rasiert... ein Mensch. Plötzlich spürte ich die überwältigende Liebe Gottes in mir. Tom blieb stehen, und seine Augen füllten sich mit Tränen. Mein Mann und ich standen ihm gegenüber und umarmten ihn, einer nach dem anderen. Wir weinten zusammen.

Sie gibt offen zu, daß beide Eltern das «Warum» seiner brutalen Handlungsweise nicht verstanden hätten. Sie ließen einfach seine Menschlichkeit auf sich wirken, die Seite von Tom, mit der sie sich identifizieren, die sie verstehen und akzeptieren konnten.

Nach dieser Begegnung fühlten sie sich befreit von Zorn und Haß. Sogar ihr Schmerz verschwand. Aus unerklärlichen Gründen wirkte die Begegnung auf Tom ganz anders. Er weigerte sich, den Kontakt mit ihnen aufrechtzuerhalten und die Vergebung anzunehmen. Er brach die Beziehung ab.

Anschließend wurde Mrs. Bristol oft aufgefordert, in öffentlichen Versammlungen zu sprechen. Die Menschen waren fasziniert von dem, was sie erlebt hatte, und von der Dynamik des Verzeihens. Doch zu ihrer Überraschung mußte sie feststellen, daß auch viele Zuhörer ihre Haltung entschieden ablehnten. Sie wurde sogar häufig als gefühllos angegriffen, und man warf ihr vor, sie habe das Andenken ihrer Tochter geschändet. Man bezeichnete sie als lieblos und beschuldigte sie einer naiven und falschen Einstellung gegenüber sozialen Mißständen.

Wir wissen, daß Mitleid und Versöhnungsbereitschaft zum tiefsten Kern jeder Religion gehören. Für die Götter mag es allerdings leicht sein zu vergeben, doch für die Menschen ist es tatsächlich sehr schwer.

Um Verzeihung zu bitten und anderen zu verzeihen ist ein komplizierter Prozeß, der unser tiefstes Einfühlungsvermögen, unsere ganze Menschlichkeit und Weisheit erfordert. Die Geschichte hat uns gelehrt, daß es ohne Versöhnungsbereitschaft keine dauernde Liebe geben kann, keine Wandlung, kein inneres Wachstum und keine wirkliche Freiheit. Dr. Gerald Jampolsky sagt in seinem Buch «Lieben heißt die Angst verlieren»:

Haß, Bitterkeit und Rachsucht sind überwältigend, selbstzerstörerisch und sowohl intellektuell als auch emotional entkräftend.

Es ist daher wichtig für jeden, der dauerhafte zwischenmenschliche Beziehungen pflegen will, die Dynamik der Versöhnlichkeit und des Verzeihens besser zu verstehen. Wenn wir als die schwachen und verwundbaren Wesen, die wir sind, zusammenleben wollen, dann haben wir das sicherlich sehr nötig.

Versöhnlichkeit ist ein Willensakt. Es ist eine Willensentscheidung. Entweder entscheiden wir uns, dem anderen zu vergeben, oder wir tun es nicht. Wir dürfen aber nicht vergessen, daß für das Erhalten der Verzeihung und das Verzeihen die gleiche Dynamik gilt. Wenn wir hoffen, daß uns ein Fehler vergeben wird, dann müssen wir das gleiche tun. Wenn wir nicht fähig sind, anderen zu verzeihen, dann dürfen wir nicht erwarten, daß sie uns verzeihen.

Wenn wir uns in Liebe hingeben, sind wir am verwundbarsten. Wir sind niemals sicher. Immer gehen wir das Risiko ein, enttäuscht und verletzt zu werden. Jeder, der eine Beziehung zu einem anderen aufnimmt, bringt seine eigene Lebensgeschichte und seine eigenen Erfahrungen mit. Die Beziehung wird in der Hoffnung aufgenommen, durch gemeinsame Erfahrungen etwas Neues zu schaffen. Das ist nicht leicht, denn wir begegnen uns im Schatten vergangener Ängste, Erwartungen und Gewohnheiten; wir sind alle verschieden und unvollkommen, und es ist selten möglich, Konflikte ganz zu vermeiden.

Wenn wir glauben, daß uns Unrecht geschehen ist, suchen wir die Schuld sofort beim anderen. Wir sehen uns selbst als Opfer. Wir sind «unschuldig», und man hat uns etwas angetan. Wir glauben daher, Gerechtigkeit fordern zu dürfen. Gerechtigkeit ist erst erreicht, so glauben wir, wenn auch wir diejenigen verletzen können, die uns verletzt haben, die enttäuschen, von denen wir enttäuscht worden sind, und die leiden lassen, die uns Schmerzen zugefügt haben. Sie sollen unsere Rache sofort spüren und nach Möglichkeit nie aufhören, sie zu spüren. Wir sind überzeugt, daß sich das Unrecht nur auf diese Weise gutmachen läßt. Nur dann wird die Rechnung ausgeglichen, und nur dann wird unser Schmerz gelindert. Schließlich – so sagt unser Verstand – war es die Schuld des anderen. (Sind wir nicht immer davon überzeugt, daß der andere schuld ist?) Weshalb sollten dann wir die Leidtragenden sein? Wir suchen die Vergeltung, weil wir wissen, daß sie süß sein wird. Aber wie sieht es in der Wirklichkeit aus? Wie viele von uns haben nicht schon die größten Anstrengungen unternommen, um sich zu rächen, und haben dafür nur den Verlust der Liebe und die Einsamkeit in Kauf nehmen müssen? Welche Befriedigung liegt darin, andere zu verletzen, wenn unser Schmerz doch bleibt? Welchen Sinn hat es, Gleiches mit Gleichem zu vergelten – Auge um Auge –, wenn wir, nachdem wir dem anderen ein Auge ausgeschlagen haben, selbst auch immer noch einäugig sind?

Wenn ein Mensch, den wir lieben, uns unrecht getan hat, dann haben wir das Gefühl, daß eine über Jahre dauernde Beziehung ihren Wert verloren hat – eine Beziehung, die uns vielleicht viel Freude gebracht hat und für die wir viel intellektuelle und emotionale Energie aufgewendet haben. Und doch können wir mit einem einzigen unfreundlichen Wort, einer gedankenlosen Handlung oder einer unbedachten kritischen Äußerung selbst die bis dahin engste Beziehung zerstören. Allzu rasch vergessen wir das Gute und ersetzen es durch ein Szenarium des Hasses. Wir tun das, anstatt uns der Herausforderung zu stellen, uns mit der Situation und mit dem anderen ehrlich auseinanderzusetzen. Wir übersehen dabei, daß wir, wenn wir bereit sind zu vergeben und mitzufühlen, in uns selbst neue Tiefen entdecken und neue Möglichkeiten für eine Vertiefung unserer Beziehungen finden können. Wir sind zu stolz. Wir lassen uns zu einem Verhalten hinreißen, das uns selbst schadet und das es uns unmöglich macht, dem anderen zu vergeben. Wir glauben, wenn wir uns zurückziehen und dem anderen ausweichen, könnten wir diesen anderen verletzen und ohne ihn unseren Kummer überwinden. Wir machen uns die falsche Vorstellung, ein Ausweichen könne die Lösung bringen, und geben uns der naiven Hoffnung hin, es werde uns trösten, wenn wir den anderen verletzen, beschämen, beschuldigen und verdammen. Wenn wir uns weigern, dem anderen zu vergeben, übersehen wir, daß wir selbst es sind, die die nutzlose, nicht enden wollende Last des Hasses, des Schmerzes und des Rachegefühls auf uns nehmen, die uns und nicht den anderen, der uns beleidigt hat, niederdrückt.

Sicher ist es nicht leicht, zu verzeihen. Unsere Verstandeskraft reicht nicht aus, um das verworrene Netz der Gefühle zu durchbrechen, die uns überkommen, wenn wir Unrecht erleiden. Es erscheint uns einfacher, unserem Schmerz irgendwie zu entfliehen. Anstatt uns mit ihm auseinanderzusetzen, beschuldigen wir, klagen wir an, verurteilen wir, wenden wir uns ab und verdammen wir. Versöhnlichkeit kann es in einer Atmosphäre des Anklagens, Verurteilens und des Zorns nicht geben.

Wir werden erst anfangen zu verzeihen, wenn wir im anderen uns selbst erkennen und sehen, daß er nicht besser und nicht schlechter ist als wir. Wir dürfen nicht vergessen, daß wir als Sterbliche in dieser Welt zusammenleben, der Beleidigte und der Beleidiger, und daß aufgrund unserer gemeinsamen menschlichen Natur die Situation genau umgekehrt sein könnte. Wir können uns das nur schwer vorstellen, aber unter den entsprechenden Umständen hätten auch wir vielleicht der fanatischen Hitler-Jugend angehört oder wären ein kranker, verängstigter Psychopath geworden, der sich nicht angemessen benehmen kann. Oft ist es uns unmöglich zu akzeptieren, «daß ich auch an deiner Stelle hätte stehen können». Und doch ist das so. Wir teilen die Menschen in zwei Kategorien ein, die Guten und die Bösen, und sehen uns selbst auf der Seite der Guten, während wir uns von den anderen distanzieren. Doch erst, wenn wir uns mit dem anderen identifizieren, können wir beginnen, ihn zu verstehen und ihm zu verzeihen.

Jeder ist empört, wenn man ihm sagt, auch er könnte in bestimmten Situationen und unter gewissen Voraussetzungen seinen Mitmenschen jede Art von Schaden zufügen. Und doch tun wir es unbewußt jeden Tag. Wir mißachten die Gesetze des Umweltschutzes und weigern uns, eine Mitverantwortung für den Bildungsmangel, den Hunger in der Welt, die Einsamkeit unserer Nachbarn, für das Mißhandeln von Kindern und die Vernachlässigung der alten Menschen zu übernehmen. Allzugern verurteilen wir die Politiker, die Aktivisten, die Kommunisten oder irgendwelche anderen Gruppen, aber unsere eigene Gedankenlosigkeit geben wir nicht zu. Wir sind zu sehr mit uns selbst beschäftigt, um unsere Vorurteile und unsere schädliche, negative Haltung zu erkennen. Wenn wir uns aufmerksam selbst beobachten, werden wir feststellen, daß jeder von uns bewußt oder unbewußt fast jeden Tag Unrecht tut. Das bedeutet aber nicht, daß wir böse sind oder unseren Wert als liebesfähige menschliche Wesen verlieren. Eine einzelne Handlung ist noch kein Grund dafür, einen Menschen abzuwerten.

Es gibt gute Menschen, die ihre politischen, sozialen oder religiösen Überzeugungen als gerechtfertigt und vernünftig ansehen und sich deshalb die Freiheit nehmen, selbstgerechte Kriege zu führen, in denen Tausende von unschuldigen Menschen getötet werden. Sie rechtfertigen das damit, daß sie diese Menschen als ihre Feinde betrachten, die ihre Sicherheit und ihre Überzeugungen bedrohen. Ein typisches Beispiel dafür ist das Massaker von My Lai. Es wäre zu simpel, jeden, der an diesem schändlichen Unternehmen teilgenommen hat, als ein böses und wertloses menschliches Wesen zu verurteilen. Viel schwieriger ist der Versuch festzustellen, welche Umstände dazu geführt haben könnten, daß sich anständige Menschen zu solchen Brutalitäten hinreißen lassen. Wir werden erst dann verstehen und vergeben, wenn wir Mitgefühl für diese Menschen aufbringen – als fühlende und verwundbare Wesen wie wir selbst, die gegen menschliche Schwächen, falschen Idealismus, Angst, Panik, Feigheit und Fehltritte nicht gefeit sind. Einfühlungsvermögen und das aufrichtige, tief empfundene Identifizieren mit anderen sind die notwendigen ersten Schritte, wenn wir die sonst unüberwindlichen Mauern der Unversöhnlichkeit niederreißen wollen.

In gesunden, auf Liebe gegründeten zwischenmenschlichen Beziehungen wird immer wieder nach dieser Erkenntnis gehandelt. Eltern bringen oft ihr ganzes Leben damit zu, die Gedankenlosigkeit ihrer Kinder nicht zu beachten. Kinder übersehen die Besitzgier ihrer Eltern. Liebende zeigen Verständnis für die Fehler und Schwächen des anderen. Wir tun das, weil wir diese Menschen lieben und wissen, daß auch wir nicht vollkommen sind, weil uns die Beziehung zum anderen wertvoller und wichtiger erscheint als das augenblickliche Unbehagen, das eine einzelne negative Handlung oder Haltung uns bereiten mag. Wir lieben diese Menschen weiterhin, auch wenn sie uns von Zeit zu Zeit kränken oder verletzen, weil wir wissen, daß sie wertvolle Menschen sind, die die Fähigkeit besitzen, sowohl gut als auch böse zu sein. Wir erkennen in ihnen das Menschliche und wissen, daß sie sich ändern können. Wenn wir sie so sehen, dann ist unsere Liebe verständnisvoll und fördert ihre Entwicklung zum Guten.

Die Liebe ist die wichtigste Quelle der Versöhnlichkeit. Durch Liebe können wir den Menschen, der uns verletzt hat, wieder als eine wertvolle Persönlichkeit erkennen. Durch Liebe relativieren wir das Unrecht und trennen die Tat von der Person. Wir vermeiden jede Überreaktion. Mit unserem Einfühlungsvermögen bemühen wir uns darum, eine Brücke zwischen dem Beleidiger und dem Beleidigten zu bauen, auch wenn wir das Verhalten des ersteren nicht verstehen.

Dadurch nähern wir uns einander, erneuern das gegenseitige Vertrauen, gewinnen ein besseres Verständnis für das, was wir einander bedeuten, und können unseren Weg gemeinsam fortsetzen. Dr. Jampolsky sagt dazu: «Unsere Versöhnlichkeit hilft uns, falsche Vorstellungen zu korrigieren; sie erlaubt uns, in anderen und in uns selbst nur die Liebe und nichts anderes zu sehen.» Das ist der zweite

Schritt auf dem Wege zum Mitgefühl und zur Versöhnungsbereitschaft.

Das mag einfacher klingen, als es ist. Doch bevor wir ein solches Vorgehen abwerten, sollten wir vielleicht über die Alternativen nachdenken.

Es mag interessant sein zu überlegen, warum wir so sehr auf Rache bedacht sind, die uns doch nichts nützen kann, sondern nur unsere Kreativität lähmt und uns daran hindert zu lieben. Schließlich ist das Unrecht bereits geschehen. Es liegt in der Vergangenheit und läßt sich nicht mehr ändern. Wir haben nur die Gegenwart und die Zukunft, auf die wir zugehen können.

Eine meiner Studentinnen, die von ihrem Freund in grausamer Weise im Stich gelassen worden war, hat dazu etwas sehr Kluges gesagt: «Ich kann mir nichts vormachen. Ich weiß, ich liebe ihn immer noch; denn sonst würde mir das, war er getan hat, nichts ausmachen. Und wenn ich ihn immer noch liebe, dann verstehe ich nicht, weshalb ich das intensive Bedürfnis habe, ihn zu kränken, ihm weh zu tun. Das sind verrückte, einander widersprechende Gefühle. Ich weiß, was mein Verstand sagt, aber die Sprache meines Herzens ist irrational. Es tut mir weh! Ich weiß, ich muß vergeben, vergessen und weiterleben. Er hat mich verlassen und genießt das Leben. Ich leide, und deshalb muß auch ich etwas dagegen unternehmen!»

Die Studentin war sich ihres Schmerzes bewußt. Sie wußte aber auch, daß sie jetzt irgendwie die volle Verantwortung für ihre Zukunft übernehmen mußte. Sie mußte dem Mann, den sie liebte, um ihrer selbst willen vergeben, auch wenn er sie gekränkt hatte. Sie wußte, daß er nicht ihr *Eigentum* war. Sie hatte genügend Selbstachtung, um zu wissen, daß sie ihn nicht wollte, wenn er die Beziehung mit ihr nicht fortsetzen wollte. Sie wußte auch, wenn sie ihn liebte, dann sollte sie ein Interesse daran haben, daß er glücklich war. Wenn sein Glück davon abhing, daß er sich von ihr trennte, dann mußte sie auf ihn verzichten. Das bedeutete nicht, daß sie ihre Enttäuschung, ihre Wut und das intensive Gefühl leugnete, das die Zurückweisung und der Verlust in ihr geweckt hatten. Ihr Kummer war sogar so groß, daß sie wochenlang nicht in der Lage war, zu studieren oder sich zu konzentrieren. Sie dachte sogar daran, das Studium ganz aufzugeben. Sie versuchte, neue Beziehungen anzuknüpfen, aber es gelang ihr nicht. Schließlich sah sie ein, daß nur sie selbst sich aus diesem Dilemma befreien konnte.

Emotionale und psychische Schmerzen sind mindestens ebenso entkräftend wie körperliche. Nur wenigen von uns wird es gelingen, sie von sich fernzuhalten. Sie lassen sich nicht vermeiden; wir können nur lernen, mit ihnen umzugehen. Die Bereitschaft zu verzeihen ist oft der entscheidende, wenn nicht gar der einzige Ausweg. David Augsburger drückt das so aus:

> Versöhnlichkeit bedeutet, Vergangenes vergangen sein zu lassen, Künftiges abzuwarten und die Gegenwart anzunehmen.

Auf diese Weise befreien wir unser Selbst von der Vergangenheit und sehen der Zukunft weiser, mit neuer Hoffnung und neuem Vertrauen entgegen. Versöhnlichkeit wird häufig als bedingungsloses Geschenk der Liebe bezeichnet. Es heißt dann nicht: «Ich werde dir vergeben, *wenn* ...», sondern «Ich werde dir vergeben, weil ich dir vergeben muß, wenn ich jemals darauf hoffen will, weiterhin ein erfülltes Leben zu führen».

Es war interessant, daß der Freund meiner Studentin, nachdem sie sich innerlich ganz von ihm gelöst hatte, zerknirscht und reumütig zu ihr zurückkehrte. Inzwischen hatte sie Wut, Groll und Haß überwunden. Sie war bereit, die Beziehung mit mehr Verstand auf einer neuen, sensibleren Ebene fortzusetzen. Sie hatte das Gefühl, etwas verloren, aber dafür etwas sehr viel Wertvolleres gewonnen zu haben. Sie stellte fest, daß sie mit ihrem Schmerz nicht allein gewesen war, denn auch er hatte gelitten. Beide waren jetzt bereit, auf neuen Möglichkeiten aufzubauen, und gingen dabei nicht von ihren vergangenen Fehlern, sondern von ihren zukünftigen Alternativen aus.

Das Verzeihen ist nicht immer so klug und vernünftig wie in diesem Fall. Allzuoft wird es als Geschenk angeboten, und der Verzeihende will damit doch nur seine Überlegenheit zum Ausdruck bringen. Aber dann ist es keine Verzeihung. Das Angebot wird zu einem Geschäft, das den Verlust der Würde, ein dauerndes Schuldgefühl und die Demütigung des anderen mit sich bringt. Es ist eine Art emotionaler Erpressung, wobei der eine Partner zum *großzügigen Wohltäter* gegenüber dem *unterlegenen Sünder* wird.

Auch diese nur vorgetäuschte Versöhnlichkeit wird von David Augsburger sehr treffend dargestellt. Er nennt sie «Überlegenheitsvergebung» und schildert einen solchen Fall:

Ich habe dich und dein Verhalten geprüft, abgewogen und beurteilt, und ich fand, daß es dir in schmerzlicher

Weise an den Qualitäten fehlt, die es wert sind, von mir respektiert zu werden. Ich habe gegenwärtig diese Qualitäten, aber du hast sie nicht. In aller Bescheidenheit erkenne ich meine überlegene moralische Kraft und deine Schwäche, mein stets moralisches Verhalten und deine damit unvereinbare Amoralität. Ich vergebe dir deine Verfehlungen. Unsere künftigen Beziehungen beruhen auf der Anerkennung meiner Güte in der Stunde deiner Bedürftigkeit, meiner Großzügigkeit angesichts deiner Schuld. Und du wirst einen geeigneten Weg finden, mir von nun an die Dankbarkeit zu zeigen, zu der du verpflichtet bist.

Das ist kein Verzeihen! Das ist nichts anderes als eine durch Manipulation herbeigeführte Unterwerfung. Wirklich zu vergeben wird leichter, wenn wir lernen, uns in den anderen einzufühlen und uns zu entschuldigen; wenn wir zugeben, daß wir auch nur Menschen sind, die schuldig werden können; wenn wir die Umstände berücksichtigen, für die uns vielleicht das Verständnis fehlt; wenn wir an das grundsätzlich Gute im Menschen glauben und bereit sind, mit Mitgefühl und ohne Groll einen neuen Anfang zu machen. Das jüdische Wort für Mitgefühl ist von dem Wort *rechem* abgeleitet, und das bedeutet *Mutterschoß*. Daraus läßt sich ableiten, daß wir neu geboren werden, und das bedeutet einen neuen Anfang. Dieser Neubeginn läßt uns besser begreifen, wie sinnlos Vorwürfe, Erwartungen, unversöhnlicher Haß und Zorn sind, und er erneuert unsere Hoffnung auf die Kraft der Liebe.

Es gibt aber noch einen viel anspruchsvolleren Aspekt des Vergebens. Es ist ein noch wichtigerer Vorgang, der auf die Vergebung folgt und darüber hinausgeht – das Vergessen. Solange wir nur vergeben, aber die Kränkung, unsere Verstimmung und das Gefühl, verletzt worden zu sein, im Gedächtnis behalten, solange wir noch im Schatten unserer Kränkung leben, ist die Vergebung noch nicht vollständig. Ich habe sagen hören, zu vergeben und nicht zu vergessen sei so, als habe man «das Kriegsbeil begraben, aber den Griff aus der Erde herausragen lassen». Wir begeben uns nur in eine Warteposition und sind bereit, den Kampf jederzeit von neuem zu beginnen.

Wir fürchten uns vor dem Vergessen, weil wir glauben, damit werde das Unrecht des anderen getilgt und gerechtfertigt und wir müßten die Verantwortung für das vom anderen begangene Unrecht übernehmen. Wir wollen ihm nicht verzeihen, bevor er nicht Reue zeigt oder bestraft worden ist. Aber unser Vergessen bedeutet nicht, daß wir das Unrecht gutheißen. Es bedeutet nur, daß es der Vergangenheit angehört und um der Zukunft willen vergeben werden muß, damit wir weiterleben können.

Allzuoft ist es nur Zeitverschwendung und führt zu nichts, wenn wir uns an die Vergangenheit erinnern, um mit der Gegenwart und der Zukunft besser fertig zu werden. Wir machen damit nur altes Unrecht wieder lebendig und reißen alte Wunden auf. Das belastet uns nur, macht uns allzu vorsichtig, steigert unseren Unmut und weckt unser Mißtrauen. Wenn wir nicht fähig sind, die Vergangenheit zu vergessen, werden wir uns nie von ihrer Macht befreien können, Haß und Schmerzen von neuem in uns zu wecken.

Dann werden wir uns unaufhörlich in einem unproduktiven Prozeß befinden. Wir sollten wissen, daß die Liebe kein Tagebuch über begangenes Unrecht führt. Wir sollten aus dem Unrecht etwas lernen und es dann, wenn wir klüger geworden sind, hinter uns lassen und in die Zukunft voranschreiten.

Wir brauchen uns aber auch keine Vorwürfe zu machen, wenn es uns schwerfällt zu vergeben. Wir sind einfach verwundbare und unvollkommene Menschen. Es ist schwer, mit dem Unrecht fertig zu werden, das andere uns antun, besonders wenn wir unschuldig sind und für das Verhalten des anderen keine Erklärung finden können. Warum sollten wir dann vergeben und vergessen? Wir vergeben, weil der Preis, den wir für das Nichtvergeben zahlen, zu hoch ist. Nachtragend zu sein, Haß zu hegen und auf Rache zu sinnen ist *selbstzerstörerisch* und führt zu nichts. Das alles kann uns weder befriedigen noch heilen. Es hindert uns daran, Fortschritte zu machen und einen Neubeginn zu wagen. Positive Energien werden für negative Handlungen verschwendet, die nur an unseren Kräften zehren. Wir bleiben mißtrauisch und verlieren die Bereitschaft, anderen zu vertrauen. Unsere Kreativität wird zerstört und unser inneres Wachstum aufgehalten.

Es gibt nichts Beglückenderes, als aufrichtig zu vergeben und Vergebung zu erlangen. In diesem Augenblick werden wir frei. Wir gewinnen die Freiheit, als vollwertige Menschen weiter voranzugehen. Die Illusion, wir oder andere seien vollkommen, wird zerstört, und wir akzeptieren uns gegenseitig als die verwundbaren, unvollkommenen Menschen, die wir sind.

Unsere größten Philosophen und religiösen Führer sind Menschen gewesen, die immer bereit waren zu vergeben. Durch die Versöhnlichkeit und das Mitleid des Buddha sind Millionen von Menschen zu tiefer Erkenntnis gelangt und haben gelernt, ihr Schicksal anzunehmen. Jesus von Nazaret ist mit seiner Bereitschaft zu vergeben ein leuchtendes Vorbild für uns alle. Er vergab den Dirnen, den Übeltätern, seinen Jüngern, die ihn verrieten, und schließlich sogar denen, die ihn töteten. Jesus und Buddha waren bereit zu vergeben, auch wenn es jeder Logik, der psychischen Realität und der sogenannten «menschlichen Natur» zu widersprechen schien. Die aufrichtige Versöhnungsbereitschaft ist Ausdruck der höchsten vom Menschen zu erreichenden sittlichen Reife. Mein buddhistischer Lehrer hat mir einmal gesagt: «Löse dich. Warum klammerst du dich an den Schmerz? An dem Unrecht von gestern kannst du heute nichts mehr ändern. Es ist nicht deine Aufgabe, darüber zu urteilen. Warum klammerst du dich an das, was dich daran hindert, zu hoffen und zu lieben?»

In fast allen heiligen Schriften finden wir den Satz: *«Richtet nicht.»* Versuche zu verstehen, sei mitfühlend und einfühlsam; dann ist es leicht zu vergeben. Wer vergibt, befreit sich damit selbst. Überlassen wir das Richten und die Rache dem Himmel.

«Vergib uns unsere Schuld, wie wir vergeben unseren Schuldigern.»

Einander lieben
ist Lebenslust

Das einzige, was sich in unserer irdischen
Existenz zu besitzen lohnt, ist der Humor.
LINCOLN STEFFENS

Glücklich zu sein ist der größte Erfolg,
den ein Mensch erringen kann; es ist die
Antwort seiner ganzen Persönlichkeit auf
eine produktive Einstellung gegenüber
sich selbst und gegenüber der Welt, die ihn
umgibt.
ERICH FROMM

Glücklich kann nur sein, wer selbst an sein
Glück glaubt.
PUBLIUS SYRUS, 50 V. CHR.

Ich glaube, ohne Freude, Lachen und Humor sind tiefe Beziehungen unmöglich. Deshalb sagt man wahrscheinlich, alle Heiligen seien «metaphysische Clowns». Conrad Hyers schreibt in seinem Buch «Zen and the Comic Spirit» (Zen und der humoristische Geist), «die Dämonen der Begierde und der inneren Abhängigkeit, des Ego und der Unwissenheit können durch Lachen ausgetrieben werden, und das führt uns zu einer Art von kosmischem Gelächter, das auf der anderen Seite dieses Exorzismus liegt».

Sicher haben wir alle schon oft gehört, daß wir das Leben nicht zu leicht nehmen dürfen, denn «es ist eine verdammt ernste Angelegenheit». Bis zu einem gewissen Grade ist das vielleicht richtig. Aber gerade deshalb sollten wir uns um so mehr darum bemühen, einen starken Sinn für Humor zu entwickeln. Ich weiß zum Beispiel genau, daß mich sehr oft nur meine Fähigkeit gerettet hat, die komische Seite einer Situation zu sehen, vor allem über mich selbst und meine eigene Unvollkommenheit zu lachen. Ich weiß, man braucht Mut und ein wenig Verrücktheit, um in einer Welt zu lächeln und zu lachen, in der wir, seit es geschichtliche Aufzeichnungen gibt, einander töten, vergewaltigen, betrügen und verletzen. Bis heute haben wir die Gründe dafür nicht entdecken können. Vielleicht werden wir eine Alternative finden, wenn wir den Intellekt beiseite lassen und unsere Menschlichkeit als den allerhöchsten Scherz betrachten.

Mutter Teresa von Kalkutta, die ihr Leben den Verzweifelten, den Hungrigen und den Sterbenden geweiht hat, verlangt, daß die von ihr geleiteten Krankenhäuser von Lachen erfüllt sind. Das Lachen ist ihrer Meinung nach das stärkste Mittel, um Gesundheit, Produktivität, innere Kraft und Spiritualität zu fördern. Der heilige Franziskus von

Assisi wanderte wie ein Spaßmacher durch die Straßen und begegnete der Verzweiflung mit Lachen. Die heilige Theresa von Avila legte Wert darauf, daß die Novizen, die in ihr Kloster eintraten, lachen konnten und einen guten Appetit und gesunden Schlaf hatten. Sie war überzeugt, wenn diese jungen Frauen kräftig aßen, würden sie gesund bleiben; wenn sie gut schliefen, würden sie kaum schwere Sünden begehen; und wenn sie lachten, dann bewiesen sie damit ihre Fähigkeit, ein schweres Leben zu bestehen.

Der lachende, wohlgenährte und gesund aussehende Buddha ist das Symbol des inneren Glücks, das der Buddhismus verheißt. Lachen und Fröhlichkeit sind tatsächlich das Herz der Lehren des Zen-Buddhismus. Jede Religion hat auch ihre humoristische Seite.

Die Philosophen aller Epochen und Kulturen sprechen von der Notwendigkeit der Freude für das Überleben. 451 vor Christus sagte Sophokles seinen Schülern: «Der Mann, der die Freude am Leben verloren hat, lebt nicht mehr; er ist so gut wie tot.» Der Philosoph George Santayana hat gesagt: «Das Glück ist die einzige Rechtfertigung des Lebens. Wo das Glück fehlt, bleibt unsere Existenz ein wahnsinniges und beklagenswertes Experiment.» Robert Louis Stevenson ermahnt uns: «Es gibt keine Pflicht, die wir so sehr unterbewerten wie die Pflicht, glücklich zu sein.» Sogar die Verfassung der Vereinigten Staaten garantiert uns das «Streben nach Glück» als Teil unserer verfassungsmäßigen Rechte.

Leider gibt es jedoch heute nur wenige Menschen, die ihre Freude offen zeigen. Es ist, als würde mit glücklichen Menschen etwas nicht stimmen. Es wird allgemein angenommen, daß zufriedene Menschen irgendwie nicht ganz in Ordnung sind. Wir betrachten sie entweder als töricht oder frivol oder meinen, es fehle ihnen der gesunde Menschenverstand. Sie sind uns irgendwie verdächtig.

Die meisten von uns haben sogar ein schlechtes Gewissen, wenn sie glücklich sind! Wir sind überzeugt, daß wir entweder dafür bestraft werden oder daß die nächste Enttäuschung schon auf uns wartet. Dr. Raymond Moody schreibt in seinem ausgezeichneten Buch «Lachen und Leiden»:

Wir können feststellen, daß sich einige Menschen tatsächlich vor der Freude, einer gehobenen Stimmung, dem Genuß oder anderen an sich positiven Gemütszuständen fürchten. Bei vielen dieser Menschen löst die Freude Schuldgefühle aus, sie schämen sich ihrer freudigen Empfindungen und zweifeln daran, daß sie dieses Glück verdient haben.

Das ist wirklich seltsam.

Die Wissenschaft vermeidet es fast vollständig, die Freude, das Lachen, den Humor und das Glück und deren Auswirkungen auf das menschliche Wohlbefinden zu untersuchen. Lin Yutang schreibt: «Mich hat seit jeher beeindruckt, daß das Glück das in der westlichen Philosophie am sorgfältigsten vermiedene Thema ist.»

Nur selten hören wir spontanes, schallendes Gelächter. Und wenn wir es hören, dann sind wir überzeugt, daß es von Taugenichtsen oder Betrunkenen kommt. Wir geben viel Geld dafür aus, uns von professionellen Spaßmachern zum Lachen bringen zu lassen. Wir krümmen uns vor Lachen, wenn sie unser «normales» Verhalten parodieren und so unsere Narrheiten aufdecken. Wir lieben die

Clowns. In abenteuerlichen Kostümen führen sie uns unglaubliche Possen vor und zeigen uns einen himmlischen Wahnsinn, um uns die einfache Wahrheit über die menschliche Natur zu zeigen. Eine Zeitlang befreien sie uns damit von der Zwangsjacke der Konvention, von der Voraussagbarkeit unseres Alltagslebens und von dem Verhalten, das von uns erwartet wird. Sie berühren das tief in unserem Innern schlummernde Verlangen, Hemmungen aufzugeben und mit unserer natürlichen Spontaneität und Verrücktheit in Kontakt zu kommen. In einem sehr realen Sinne sind wir alle Clowns – einige ängstlicher und gehemmter als andere –, aber doch potentielle Clowns.

Komiker sehen das Leben durch ein Mikroskop und können uns deshalb sehr deutlich zeigen, was wir im Unterbewußtsein schon wissen – daß das Leben ein wunderbarer Scherz ist und daß wir Menschen mit unserer einstudierten, gekünstelten Ernsthaftigkeit oft im Mittelpunkt davon stehen!

Neulich wurde ich gebeten, mit einigen Freunden eine «echte italienische Hochzeit» auszurichten. Wie bei den meisten Volksgruppen ist auch bei den Italienern eine Hochzeit ein fast ebenso bedeutungsvolles Ereignis wie eine Geburt. In diesem Fall hatten die Vorbereitungen gewaltige Proportionen angenommen. Das führte zu lauten und leidenschaftlichen Streitgesprächen, bei denen nichts herauskam. Die Aufregung erreichte ihren Höhepunkt, als bekannt wurde, daß die Mutter der Braut Vegetarierin war! Was sollte nun aus den *mostaccioli* und der Fleischsoße werden! Großmama mußte sich einschalten, um die Sache wieder in Ordnung zu bringen. Sie lachte herzlich und erklärte uns, wie dumm wir alle seien: «Macht euch um die

Vegetarierin keine Sorgen. Ich werde ihr gefüllte *zucchini* machen!» Alles brüllte vor Lachen. Die Hochzeitsvorbereitungen gingen weiter, und dabei zeigte sich wieder einmal, daß der italienische Philosoph Giacomo Leopardi recht hatte, als er sagte: «Wer den Mut hat zu lachen, ist fast so sehr ein Herr der Welt wie derjenige, der bereit ist zu sterben.» Wir sind wirklich komisch! Um das zu erkennen, müssen wir uns nur umsehen. Eine Hochzeit, ein großes Familienfest, bei dem Zusammengehörigkeit, Liebe und Freude die Hauptsache sein sollten, wäre fast ins Wasser gefallen, weil irgend jemand kein Fleisch ißt!

Beobachten wir einmal die Menschen auf Flughäfen, Massenversammlungen, Parties und verkehrsreichen Straßen. Wir werden uns das Lachen kaum verkneifen können. Nehmen Sie einen Fluggast, dem man eben mitteilt, daß sein Flug aus schwerwiegenden technischen Gründen gestrichen werden mußte. Er besteht darauf, daß das Flugzeug starten *muß*, weil er sonst den Anschluß in Chicago verpassen würde! Ein hübsches Mädchen auf einer Party ist nicht bereit, sich mit den anderen Gästen zu unterhalten, und als sie nach Hause geht, beschwert sie sich darüber, daß es so langweilig gewesen sei und die Menschen sie so unfreundlich behandelt hätten. Ein Kinobesucher drängt sich rücksichtslos zur Kasse vor, nur um dann eine Stunde auf den Beginn des Films zu warten. Ein Autofahrer überholt dich mit halsbrecherischer Geschwindigkeit, nur um an der nächsten Ampel warten zu müssen, während du dich lächelnd neben ihn stellst. Wir können täglich beobachten, wie lächerlich wir uns verhalten. Der Mensch ist wirklich ein sehr komisches Wesen, und das Leben gibt uns reichlich Gelegenheit zum Lachen. Wir müssen nur wieder lernen zu lachen.

Ich erinnere mich an einen alten Film mit Jacques Tati, «Die Ferien des Monsieur Hulot», der auf einem Bahnhof beginnt, wo sehr viele Menschen auf Bahnsteig A die Ankunft eines Zuges erwarten. Plötzlich ertönt aus dem Lautsprecher eine völlig unverständliche Ansage, und die Wartenden rasen wie von einer Panik ergriffen alle zum Bahnsteig B. Wenige Augenblicke später hört man eine zweite unverständliche Ansage, und die Menschen laufen in wilder Hast zum Bahnsteig C. In diesem Augenblick kommt der Zug auf dem Bahnsteig A an! Ich habe über diese Szene minutenlang lachen müssen und konnte erst aufhören, als der Film längst eine ganz andere Episode zeigte. Wie oft war Buscaglia inmitten einer verrückten Menschenmenge auf Bahnsteigen auf und ab gelaufen! Ich bin gewiß, daß Situationen wie diese George Santayana veranlaßt haben zu sagen: «Das Lachen, wie ich es jetzt in meinem hohen Alter sehe, ist die unschuldige jugendliche Seite der Reue, der Ernüchterung und des Mißverständnisses.» Victor Borge hat gesagt: «Lachen ist der engste Abstand zwischen zwei Menschen.» Nichts schafft mit solcher Sicherheit die Möglichkeit, anderen Menschen nahe zu kommen, wie das Lachen. George Bernard Shaw, der große Zyniker und Philosoph, meinte: «Mit Lachen kann man das Böse ohne Gehässigkeit vernichten und gute Beziehungen zu seinen Mitmenschen herstellen, ohne sentimental zu werden.» Wir haben es alle schon erlebt, wie ein gemeinsames Lachen eine bis dahin gespannte, angstvolle Beziehung in eine warme, frohe, produktive verwandelte.

Das englische Wort *happiness* (Glück) ist etymologisch und auch in der Praxis mit dem Wort *happen* (sich ereignen, geschehen) verwandt. Das Glücksgefühl wird immer durch ein Ereignis, ein *happening*, ausgelöst, das kommt und geht. Nur ein Narr glaubt, das Glück sei ein Dauerzustand und man könne es, wenn man es einmal gefunden hat, für immer festhalten. Das Glück ist immer ein Nebenprodukt eines Gefühls oder einer Handlung. Doch obwohl wir das wissen, gibt es viele, die ihr Leben mit der verzweifelten *Suche nach dem Glück* zubringen und ständig der *Freude* nachjagen. Wir beklagen uns darüber, daß unsere Mitmenschen uns langweilen. Wir tun so, als könnten wir das, wonach wir uns sehnen, *irgendwo da draußen* finden. Nur selten kommen wir auf den Gedanken, daß das Glück in *uns* liegt. Sören Kierkegaard hat erkannt, daß es eine der großen Einsichten des Lebens ist, wenn «ein Mensch, der sich als leibliches Wesen ständig nach außen wendet, weil er glaubt, das Glück liege außerhalb seines Selbst, schließlich nach innen geht und feststellt, daß die Quelle in seinem Inneren zu finden ist».

Wir können nach der Freude nicht suchen wie nach einem verlorenen Kleidungsstück. Jeder ist seines Glückes Schmied. Wir definieren es für uns selbst und erfahren es auf unsere ganz persönliche und einzigartige Weise. Kein anderer kann an unserer Stelle glücklich sein oder uns sagen, was uns glücklich machen sollte, obwohl die Leute es immer wieder versuchen. Leider geraten wir immer wieder in die Fallen, die man uns auf der Madison Avenue stellt, wo man uns davon überzeugen will, daß unser Glück vom richtigen Getränk, vom schicken Automobil, vom Duft unseres Gesichtswassers, von den superbekömmlichen Getreideflocken oder von einem besonders wohlschmeckenden Essen abhängt. Selbst die Klügsten unter uns lassen sich von der aufdringlichen Fernsehwerbung oder von verführerischen Werbeplakaten davon überzeugen, daß auch wir unser Leben verändern können, wenn wir ein neues Mundwasser benutzen. Wir bedenken nicht, daß nichts in der Welt uns gegeben oder vorenthalten werden kann, das uns glücklich macht, wenn wir uns nicht selbst entscheiden, über etwas Bestimmtes glücklich zu sein. Die glücklichsten Menschen auf dieser Welt würden wahrscheinlich auch noch glücklich sein, wenn ihnen alles genommen würde bis auf das Leben.

Ich erinnere mich an eine Reise durch Asien, wo ich immer wieder Menschen begegnet bin, die nach unseren Maßstäben nur das absolute Existenzminimum hatten und deren Leben doch voll echter Freude war. Sie sangen, lächelten, tanzten und feierten bei jeder Gelegenheit. Natürlich will ich damit nicht sagen, wir sollten uns der naiven Illusion vom «glücklichen einfachen Leben» hingeben. Wer diesen Wunsch hat, sollte in der Lage sein, die gesellschaftlichen Bedingungen aufzugeben, in die er hineingeboren wurde, und das zu erreichen suchen, was er für eine Verbesserung oder das ersehnte Glück hält. Ich will nur sagen, daß wir nichts brauchen als *das Leben selbst*, um Freude und Glück zu genießen.

Ich habe das bei meiner Arbeit mit Behinderten immer wieder bestätigt gefunden. Ich habe querschnittgelähmte Menschen kennengelernt, die ihr Leben mit einem Lächeln oder Lachen meisterten, während die Gesunden, die sie pflegten, oft unzufrieden waren und unter Depressionen litten. Es ist eigenartig, daß einige der glücklichsten Menschen, die ich kennengelernt habe, offensichtlich keinen besonderen Anlaß hatten, sich zu freuen. Sie waren ganz einfach glücklich. Sie alle schienen über einen besonders starken Lebensmut zu verfügen, über eine Bereitschaft, etwas zu riskieren, Enttäuschungen und Fehlschläge zu ertragen und auch etwas loszulassen. Sie glaubten an sich selbst, waren sehr einfallsreich, vertrauten ihrer kreativen Einzigartigkeit und waren fähig, ihren Traum zu bewahren.

Vielleicht geht viel Glück auf der Suche nach dem Glück verloren. Hawthorne sagt in seinem Buch «American Notebooks» (Amerikanische Notizbücher), das Glück begegne uns immer dann, wenn wir es am wenigsten erwarteten: «Wenn wir uns auf die Suche danach machen, dann wird daraus eine Reise ins Ungewisse, und wir erreichen es nie.» Er empfiehlt uns, alles dem Zufall zu überlassen und ganz andere Ziele zu verfolgen. Dabei stoßen wir sehr oft ganz unerwartet auf das Glück, ohne je davon geträumt zu haben, es gerade dort zu finden.

Wir lassen uns in unseren Beziehungen viel zu sehr von unserem Intellekt leiten, alles ist viel zu geordnet, geplant und berechenbar. Wir müssen irgendwo diesseits der Grenze zum Wahnsinn und zur Irrationalität einen Ort finden, an dem wir gelegentlich die rein materielle oder alltägliche Welt verlassen und uns unserer Spontaneität und dem freien Spiel des Zufalls hingeben können, eine Ebene, die mehr Sinn für Freiheit und Risiko einschließt – eine lebendige Umgebung, die voll Überraschungen ist und unseren Sinn für das Staunen fördert. Hier ist es möglich, Ideen und Gefühle frei zum Ausdruck zu bringen, die wir sonst nur schwer artikulieren können. In einer von Freude erfüllten Atmosphäre ist es auch leicht, in Liebe verbunden zu sein. Wenn wir miteinander lachen, lassen wir die Vernunft und die Logik beiseite – genauso wie der Clown. Wir sprechen eine allgemein verständliche Sprache und fühlen uns einander näher.

Fröhlichkeit, Humor und Lachen sind wunderbare und leicht zugängliche Werkzeuge, die uns helfen, die Beziehungen zu anderen Menschen zu entkrampfen. Sie ermöglichen uns, Hemmungen und Spannungen abzubauen. Dr. William Fry von der Universität Stanford hat erst kürzlich festgestellt, daß das Lachen die Verdauung fördert (verzichte auf deine Verdauungspillen!), die Herztätigkeit anregt und die Muskeln stärkt (verzichte auf das Jogging!) und die kreativen Funktionen des Gehirns aktiviert (verzichte auf deine Aufputschmittel!). Das alles, wenn du nur herzlich lachen kannst.

Glück und Freude sind einfach Gemütszustände. Als solche können sie uns helfen, kreative Lösungen zu finden. Wenn wir uns fröhlich, euphorisch und glücklich fühlen, öffnen wir uns dem Leben, können alles deutlicher erkennen und besser mit unseren täglichen Spannungen fertig werden. Wenn wir lachen, erzeugt der Körper ein bestimmtes Hormon, das unsere Schmerzen lindert. Norman Cousins behauptet, er habe sich unter anderem durch die Kraft des Lachens von einer chronischen Krankheit geheilt. Ungehemmtes, lautes Lachen läßt alle unsere Organe vibrieren und hat damit ziemlich die gleiche Wirkung wie ein Dauerlauf. Wenn du also zu faul bist, um regelmäßig zu joggen, lache dich gesund! Wirf deine Tabletten fort und lache dich von deinen Sorgen frei!

Jahrelang hat man mir vorgehalten, ich nähme das Leben nicht ernst genug, und mein Leichtsinn werde mich noch ins Unglück stürzen. Ein Mann in meiner Stellung sollte ein Vorbild sein – seriös und «mit beiden Füßen fest auf dem Boden stehend». Ich fand, wenn ich mit beiden Füßen fest auf dem Boden stehe, kann ich mir nicht die Hosen anziehen. Wenn ich die Füße in die Luft strecke, geht es leichter!

Joseph Addison sagt: «Die Freude kommt in unser Leben, wenn wir etwas zu tun, etwas zu lieben und etwas zu hoffen haben.»

Gib dich ganz der Freude des Lebens hin. Liebe rückhaltlos und ohne Furcht. Gib die Hoffnung niemals auf und glaube an die Erfüllung deiner Träume. Das wird uns helfen, aber die Freude kommt nur, wenn wir uns für sie entscheiden. Schon Abraham Lincoln hat gesagt: «Die meisten Menschen sind nur so glücklich, wie sie sein wollen.»

So manche zwischenmenschliche Beziehung ist schon durch ein herzliches Lachen gerettet worden.

Einander lieben
trotz Eifersucht

Ich glaubte, Eifersucht sei nur eine Idee, eine Vorstellung. Das ist nicht so. Sie ist ein Schmerz. Aber ich reagierte nicht so wie die Helden in einem Broadway-Melodrama. Ich wollte niemanden umbringen. Ich wollte nur sterben.

FLOYD DELL

Zur Zeit der jungen Liebe ist Eifersucht etwas Wunderbares, im ersten Ehejahr gehört sie unbedingt dazu, aber dann wird sie zur chinesischen Tortur.

SECUDES, 1957

«Ich werde ihn umbringen!» sagte sie mir. «Ich liebe ihn so sehr, daß ich ihn eher tot sehen möchte als mit einer anderen Frau!» Ist das nun eine sehr ungewöhnliche, unlogische oder eine sehr menschliche Reaktion? Kein Lexikon kann das Gemisch widerstreitender, verzweifelter Gefühle definieren, das wir mit dem Wort Eifersucht bezeichnen. So mächtig und allgemein bekannt diese Gefühle sein mögen, sind doch nur wenige von uns bereit oder in der Lage, damit fertig zu werden, wenn wir plötzlich – oft ohne jede Vorwarnung – davon ergriffen werden. Die Eifersucht kann die scheinbar harmonischste und sicherste Beziehung zerstören und den vernünftigsten Menschen zur Verzweiflung bringen. Ein verlorenes Taschentuch genügte, Othello so sehr zum Wahnsinn zu treiben, daß er seine treue und liebende Gattin Desdemona ermordete. Die Liebe Jasons zu einer anderen Frau trieb Medea dazu, blutige Rache an ihren Kindern zu nehmen und sie zu töten. Wir brauchen solche Beispiele nicht in der Geschichte oder in der Mythologie zu suchen. Unsere Zeitungen berichten täglich davon.

Irgendwann ist fast jeder von uns schon eifersüchtig gewesen. Die Eifersucht respektiert keine soziale Stellung, keine intellektuelle oder wirtschaftliche Ebene und kein Alter. Ich habe dieses unangenehme, selbstzerstörerische und ziemlich beängstigende Gefühl sogar schon als Kind kennengelernt. Ich besaß eine sehr liebenswerte Hündin, Queeny. Ich hatte sie zu meinem siebten Geburtstag geschenkt bekommen. Sie war *mein* Geschenk. Sie war voller Liebe, eifrig darauf bedacht, Liebe zu empfangen und sie mit jedem zu teilen. Es machte mich wütend zu sehen, wie sie andere mit Zärtlichkeiten überschüttete. Niemand hatte mich *gelehrt*, eifersüchtig zu sein; aber ich war es doch, und es bereitete mir unglaubliche Schmerzen. Hatte nicht ich allein das Recht auf ihre Aufmerksamkeit und Zuneigung? Ich badete sie, fütterte sie und sorgte dafür, daß sie das Haus nicht verunreinigte. Sie gehörte *mir*. Ich empfand ihre ausgelassene Zuneigung zu anderen als Bedrohung. Wie konnte sie es wagen! Ich fühlte mich selbstgerecht und schämte mich gleichzeitig. Ich fühlte mich allmächtig, wußte aber, daß ich der Situation nicht gewachsen war. Ich dachte rational, verhielt mich aber irrational. Ich wußte, daß ich Queeny nicht daran hindern konnte, andere zu lieben, und daß ihre Liebe zu mir deshalb nicht geringer war, aber es half nichts. Meine Gefühle schwankten zwischen Liebe und Haß. Ich hatte das überwältigende Verlangen, zu beherrschen und zu besitzen. Es dauerte lange Zeit, bis ich endlich erkannte, daß die kleine Queeny mit ihrer beständigen Liebe, die sie allen schenkte, frei war; ich selbst war mit meiner Habsucht ein Gefangener.

Die Eifersucht ist ein Gefühl, das jeder kennt. Solange sie uns nicht zu unbedachten Handlungen treibt, ist sie auch nicht krankhaft oder pathologisch, sondern ein ganz normales Gefühl. Nur das Verhalten, das sie auslöst, ist oft irrational.

Das Gefühl der Eifersucht ist nicht immer schlecht. Oft gewinnen wir durch solche Gefühle die notwendige Einsicht, die uns den Wert des anderen erkennen läßt. Eifersuchtsgefühle können uns auch unsere neurotischen Bedürfnisse bewußt machen und dazu führen, daß wir unser Verhalten ändern. Sigmund Freud hat gesagt: «Die Eifersucht ist einer jener Gemütszustände, die man ebenso wie den Kummer als normal bezeichnen kann.» Er glaubte sogar, daß Menschen, die von sich behaupten, keine Eifersucht zu kennen, sich wahrscheinlich täuschen oder ihre Gefühle aus ihrem Bewußtsein verdrängen. Die Folge solcher Verdrängung kann es nach Freud sein, daß sich diese Menschen mit den Auswirkungen der Eifersucht auf einer unbewußten Verhaltensebene befassen müssen. Die Eifersucht könnte dann, wenn sie verdrängt und nicht vom Bewußtsein kontrolliert wird, plötzlich und ohne Vorwarnung zum Ausbruch kommen und auf diese Weise sehr viel gefährlichere Formen annehmen. Freud wollte damit natürlich nicht sagen, daß extreme – auf Selbsttäuschung beruhende und pathologische – Formen der Eifersucht normal seien. Er hielt es nur wie andere Erforscher der Eifersucht für wichtig, darauf hinzuweisen, daß sie, obwohl wir alle dieses Gefühl bis zu einem gewissen Grade kennen, pathologisch wird, wenn wir uns weigern, vernünftig mit ihr umzugehen.

Die Eifersucht kann entweder gut oder schlecht sein, und das hängt nicht so sehr davon ab, was wir fühlen, sondern davon, was wir tun und wie wir auf unsere Gefühle reagieren. Die Eifersucht existiert nicht im luftleeren Raum. Sie entsteht vor allem im Rahmen aktiver, liebevoller Beziehungen zu anderen. Je stärker unsere Zuneigung ist, desto größer wird oft die Wahrscheinlichkeit, daß wir eifersüchtig werden. Beziehungen beginnen meist mit gegenseitiger Anziehung. Wenn diese Anziehung wächst, entsteht oft die Vorstellung von Besitz. Jeder versucht, den anderen aus der Masse herauszulösen. Wir sprechen freudig von *meiner* Freundin, *meinem* Freund, *meiner* Frau, *meiner* Familie, *meinem* Kind und *meinen* Mitarbeitern. Je näher wir einander kommen, desto bereitwilliger übernehmen wir die Verantwortung füreinander. Wir hören uns aufmerksam die Lebensgeschichte des anderen an und beobachten mit Interesse sein Verhalten. Wir lernen die Freunde und Familie des anderen kennen. Wir teilen miteinander Sorgen und Ängste, Entscheidungen, Handlungsmuster und Reaktionen. Mit anderen Worten, wir betrachten uns gegenseitig immer mehr als einzigartige, besondere Individuen. Wir bemühen uns aufrichtig darum, uns vom «Ich» und «Mir» zu lösen und eine wertvollere Einheit herzustellen, das «Wir» und «Uns». Wir verwenden viel Zeit und Energie auf Dinge, die diese neue Einheit stärken und fördern können. Wir entdecken «unser Lied», «unser Restaurant», «unsere gemeinsamen Erfahrungen» und erfinden ganz besondere Kosenamen füreinander. Wir tun alles, um diese Einheit zu stärken. Wir teilen unseren Glauben, unsere Meinungen, unsere Loyalitäten, unser Vertrauen.

Bei dem Versuch, diese komplexe und subtile Leistung zu vollbringen, ohne die Garantie dafür zu haben, ob und wie lange uns das gelingen wird, befinden wir uns immer in der Gefahr, eifersüchtig zu werden. «Er kommt zu spät aus dem Büro nach Hause.» «Sie schließt zu viele neue Freundschaften.» «Sie lassen mich nicht daran teilnehmen.» Jede Bedrohung «unseres» neugeschaffenen Traumes kann die Befürchtung in uns wecken, etwas zu verlieren, und uns bei dem Gedanken an die Möglichkeit des Verlustes dessen, was wir uns geschaffen haben, in Panik versetzen. Nur wir können unseren Verlust erleiden; wir sind in unserem Bemühen alleingelassen, ohne daß uns irgend jemand helfen kann. Und niemand kann unseren Schmerz, unsere Panik und unsere Angst wirklich verstehen. Vielleicht wissen wir sogar mit unserem Verstand, daß solche Befürchtungen unbegründet sind. Wir schämen uns zu sehr, um mit anderen über unsere Gefühle zu sprechen. Allein, verbittert und hilflos suchen wir die Schuld natürlich außerhalb von uns selbst, bei anderen. Mit Sicherheit haben wir diese Situation nicht selbst verursacht. Nur *ihr* Verhalten ist verantwortlich dafür. *Sie* haben uns verraten, *sie* haben die Sicherheit unserer Beziehung erschüttert und die wunderbare Welt zusammenstürzen lassen, die wir gemeinsam aufgebaut hatten. Immer ist der andere schuld, und das Versagen unseres «Wir» ist niemals unser Versagen.

Allein und unsicher, suchen wir nach einem System, das uns helfen könnte, und oft finden wir es, wenn wir die Schuld auf andere abwälzen.

Beecher schreibt in «The Mark of Cain» (Das Zeichen des Kain):

Sie suchen die Schuld *außerhalb* ihrer selbst und zeigen mit dem Finger auf irgendeinen anderen, als sei dieser andere verantwortlich für ihr Unbehagen und ihre Gefühle der Unzulänglichkeit. Aber niemand wird in diesem Sinne jemals von einem anderen vernichtet. Ein eifersüchtiger Mensch oder irgendein anderer gestörter Mensch wird nur *aus seinem eigenen Innern heraus* vernichtet.

Man kann der Eifersucht auf verschiedene Weise begegnen. Wenn die eigene Sicherheit oder der Besitz bedroht wird, dann ist unsere instinktive Reaktion in den meisten Fällen ein aggressives Verhalten – wir kämpfen um das, was, wie wir glauben, rechtmäßig uns gehört. Manchmal gehen wir aber auch mit einer eigenen Logik an das Problem heran, wir rationalisieren es. Wir sagen uns, der andere sei uns unterlegen. Wir reden uns ein, über der Situation zu stehen, und sagen uns, die ganze Sache sei es nicht wert, daß wir näher darauf eingehen. Wenn wir uns so verhalten, können wir unsere Schmerzen unter Umständen vorübergehend lindern. Oder es gelingt uns, unsere Gefühle ganz zu unterdrücken. Die menschliche Psyche ist etwas Erstaunliches. Oft können wir unsere Gefühle so in uns vergraben, daß sie nicht mehr zu existieren scheinen – wenigstens eine Zeitlang.

Andere ziehen sich zurück. Sie weichen der Situation aus, indem sie sich einreden, was sie nicht wüßten, könne sie nicht verletzen. Wieder andere schaffen einen räumlichen Abstand, da sie glauben, je näher sie der Quelle ihrer Schmerzen seien, desto mehr Schmerzen müßten sie ertragen, und je weiter sie sich davon entfernten, desto eher würden die Schmerzen nachlassen.

Es gibt aber auch Menschen, denen es gefällt, den Märtyrer zu spielen. Sie leiden schweigend und sterben täglich tausendmal eines grausamen Todes. Sie fühlen sich hilflos, tun aber nichts dagegen. Sie warten, hoffen und beten, daß sich alles wieder einrenken möge.

Manche gefallen sich in der Rolle des Sadisten. Sie schreien, überhäufen den anderen mit Vorwürfen, stoßen Drohungen aus und kämpfen. Sie pressen die Lippen zusammen, legen die Stirn in Falten und schwören Rache. Sie suchen nach Möglichkeiten, den Menschen zu verletzen, den sie einst so sehr geliebt haben. Sie sind entschlossen, ihm alles heimzuzahlen und ihm zu zeigen, daß sie Gleiches mit Gleichem vergelten können.

Einige dieser Spiele scheinen zwar manchmal manchem zu helfen, aber meistens läßt sich damit das Gefühl der Hoffnungslosigkeit und Hilflosigkeit, das die Eifersucht in uns wecken kann, nur vorübergehend bannen. Ebenso sinnlos ist es, seinen Schmerz durch Alkohol, Drogen, flüchtige Begegnungen und wilde Parties zu betäuben; sehr bald spüren wir danach wieder unsere innere Leere und unsere nicht aufgelöste Wut.

Da kaum jemand, der Beziehungen mit anderen aufnimmt, vollkommen gefeit ist gegen die Eifersucht, wäre es vielleicht am besten, nach wirksameren Methoden zu suchen, mit diesem Gefühl fertig zu werden. Der große Psychoanalytiker und Philosoph Theodore Reich hat gesagt: «Die Eifersucht ist ein Zeichen dafür, daß im Organismus der Liebe irgend etwas nicht stimmt, auch wenn diese Liebesbeziehung nicht von vornherein zum Scheitern verurteilt ist.» Zu erkennen, daß «irgend etwas nicht stimmt», ist vielleicht der erste positive Schritt, diesen Zustand zu korrigieren; denn damit, daß man gegen die Eifersucht ankämpft oder versucht, sie zu leugnen, ist das Problem noch nicht gelöst. Die einzige erfolgversprechende Lösung scheint darin zu liegen, daß man sich der Situation stellt. Starke Gefühle sind die notwendige Voraussetzung dafür, daß wir etwas ändern. Die Anthropologin Margaret Mead meint, die Eifersucht sei «für jede von ihr ergriffene Person eine schwere Wunde, eine innere Schwäche, die eher dazu führt, ein Ziel aus dem Auge zu verlieren, als es zu erreichen». Sie räumt jedoch ein, daß die Eifersucht einen gewissen Wert haben kann, wenn sie in uns die Leidenschaft und Intensität weckt, die uns veranlassen, etwas zu unternehmen. Bei ihren anthropologischen Untersuchungen auf Samoa stellte sie fest, daß die Bevölkerung dort keine Eifersucht kennt; sie fand aber auch kaum andere starke Gefühle, wie etwa Messen der Kräfte oder innere Motivation.

Nur wir selbst sind für unsere Eifersucht verantwortlich und niemand sonst. Anderen die Schuld für unsere Gefühle zu geben führt zu nichts. Wir werden erst dann etwas ändern können, wenn wir bereit sind zu akzeptieren, daß wir für unsere Eifersucht verantwortlich sind, die nicht unbedingt negativ ist, außer wenn sie uns zu negativen Handlungen veranlaßt. Wenn wir selbst die Verantwortung übernommen und es aufgegeben haben, sie anderen aufzubürden, können wir den produktiven Prozeß einleiten, in dessen Verlauf wir herausfinden werden, was sich zur Lösung unseres Problems unternehmen läßt.

Der bekannte Analytiker Rollo May hat gesagt:

Die Eifersucht verlangt von uns, daß wir unsere Aufmerksamkeit auf das eigene Selbst richten und fragen, warum unsere Selbstachtung überhaupt so gering ist. Ich weiß sehr wohl, daß diese Frage unter Umständen schwer zu beantworten ist. Aber sie bringt uns wenigstens dazu, uns mit einem Gebiet zu beschäftigen, auf dem wir etwas bewirken können.

Menschen, die sich an der Eifersucht festklammern, zerstören *sich selbst*. Sie verschwenden ihre Energie für Gefühle, die in eine Sackgasse führen, anstatt sie für kreative Lösungen einzusetzen. Natürlich entscheidet sich niemand bewußt für die Eifersucht; sie überfällt uns ganz einfach. Die wesentliche Voraussetzung dafür, mit der Eifersucht fertig zu werden, ist die Veränderung der Wertbegriffe und Überzeugungen, die diese Reaktion hervorgerufen haben. Die Eifersucht erzeugt viel Gefühl, regt uns aber kaum zum Handeln an. Sie wird zu einem heimtückischen Prozeß, der uns daran hindert, die Wirklichkeit genau so zu sehen, wie sie ist. Sie nährt bloß sich selbst. Ihr Erfolg besteht nur darin, in uns das Gefühl der Unfähigkeit zu erzeugen. So ist die Eifersucht in den meisten Fällen die Folge unserer persönlichen Unsicherheit und geringen Selbstachtung. Sie tritt auf, weil wir glauben, wir hätten weniger zu geben als das Objekt unserer Eifersucht. Sie nimmt uns die Fähigkeit, klar zu denken. Wir erkennen unsere eigene Stärke nicht mehr und lassen uns von unseren vermeintlichen Schwächen und Unzulänglichkeiten überwältigen. Wir fühlen uns wertlos und verlieren das Bewußtsein der persönlichen Würde. Wir erregen uns, und dieser Erregungszustand lähmt unsere Tatkraft. Wir übersehen die einfache Tatsache, daß deshalb, weil irgend jemand nicht den Erwartungen seines Partners entspricht, weder sein wirklicher Persönlichkeitswert noch der des Partners verringert wird. Wir vergessen, daß wir niemanden zwingen können, unseren Bedürfnissen zu entsprechen, so zu sein, wie wir es erwarten, das zu tun, was wir verlangen, und so zu reagieren oder zu empfinden, wie wir es wünschen. Das ist unmöglich, das ist eine Illusion, eine Fantasie. Selbst wenn der andere erklärt, er «gehöre» uns, dann ist das bestenfalls im übertragenen Sinne zu verstehen.

Vielleicht müssen wir uns wirklich damit abfinden, daß wir einen anderen Menschen niemals besitzen können. Der Entschluß, eine Gemeinschaft zu bilden, ist eine Vereinbarung zwischen zwei voneinander getrennten Individuen, die in gewisser Weise immer getrennt sein werden. Wir müssen lernen, daß andere zu lieben bedeutet, ihnen zu wünschen, daß sie ganz sie selbst sein können, und zwar – so schmerzlich es sein mag – mit dir oder ohne dich. Wenn alles gesagt und getan ist, was können wir dann schließlich noch anderes tun, als sie mit unseren besten Wünschen zu begleiten? Wenn ein Freund oder ein geliebter Mensch sich von uns trennen will, können wir versuchen, ihn mit allen uns zur Verfügung stehenden Mitteln zu halten, aber es wird uns nie gelingen. Und wie gering schätzen wir uns selbst, wenn wir einen anderen Menschen manipulieren, um ihn festzuhalten, wenn er doch lieber seine eigenen Wege gehen will. Es ist besser für uns, wenn wir auf die Gemeinschaft mit solchen Menschen verzichten.

Die Eifersucht wird sich erst verringern, wenn wir das Gefühl für unseren eigenen Wert und unsere Selbstachtung zurückgewinnen, wenn wir aufhören, das Problem zu verinnerlichen, und beginnen, es objektiv als etwas zu betrachten, das aus unseren persönlichen Ansprüchen und Bedürfnissen entstanden ist. Vielleicht steht nur unser Geltungsbedürfnis oder unser Wunsch nach Loyalität dahinter. Und die Ursache könnte in unserer Unsicherheit, in unserem Bedürfnis zu kontrollieren und zu besitzen, in unserem Bedürfnis nach Exklusivität oder in unserer Angst liegen, das Gesicht zu verlieren.

Die Loyalität in einer Beziehung gründet sich auf Vertrauen und Achtung. Sie kann nur angeboten, aber nie gefordert werden. Sie beruht auf freiwilliger Hingabe oder Anhänglichkeit. Menschliche Beziehungen sind einem fortwährenden Wandel unterworfen. Eine beiderseitige Vereinbarung, loyal und aufrichtig zu sein, bildet die Grundlage für das sich daraus entwickelnde Vertrauen. Loyalität ist daher ein Pakt. Treue ist ein Pakt. Je früher wir über diese Aspekte einer Beziehung miteinander sprechen und uns darüber einigen, desto sicherer wird die Zukunft dieser Beziehung sein. Natürlich muß die Entscheidung gegenseitig sein, und sie muß bindend sein.

Wenn sich die Erwartungen im Lauf der Zeit verändern, müssen wir das akzeptieren, darüber sprechen und neue Entscheidungen treffen.

Das englische Wort für Eifersucht, *jealousy*, kommt aus dem Griechischen und bedeutet dort, daß ein wertvoller Besitz in Gefahr ist und etwas unternommen werden muß, um ihn zu sichern. Das heißt, daß ein negatives Phänomen im Lauf der Zeit in ein positives verwandelt werden kann. Wenn die Beziehung und die durch sie miteinander verbundenen Personen stärker und sicherer werden, dann wird sich die Eifersucht verringern. Es ist sehr schwer, «loslassen» zu lernen, da die meisten von uns glauben, die Liebe beruhe darauf «festzuhalten». Die größte Liebe setzt vielleicht die größte Freiheit voraus. Ein altes Sprichwort sagt, daß die Liebe freigelassen werden muß, und erst wenn sie zu uns zurückkommt, erfahren wir die wirkliche Liebe.

Wenn wir schließlich die extremen Formen der Eifersucht in uns besiegt haben, werden wir auch besser und stärker lieben können. Wir werden verstehen, welche Freude und Kraft uns daraus erwächst, wenn wir unsere Probleme selbst lösen, unsere eigenen Bedürfnisse erfüllen und unsere Liebe frei verschenken, ohne etwas dafür zu verlangen. Wie immer, wenn wir auf einer niedrigeren Ebene eine Schwierigkeit überwunden haben, werden wir uns auf ein neues und höheres Niveau erheben.

Eleanor Roosevelt hat einmal gesagt:

Jedesmal, wenn du in eine Situation gerätst, die du glaubst nicht durchstehen zu können, und dabei Höllenqualen leidest, wirst du, wenn es dir doch gelungen ist, feststellen, daß du jetzt eine größere Freiheit gewonnen hast, als du sie bisher kanntest.

Fürchte dich nicht vor der Eifersucht. Sie ist ein natürliches und normales Gefühl. Wer Liebe und Zuneigung empfindet, wird auch dann und wann eifersüchtig sein. Die wesentliche Entscheidung ist, ob wir zulassen, daß unsere Eifersucht zu einem alles verzehrenden Ungeheuer wird, das uns selbst und diejenigen, die wir lieben, vernichten kann, oder ob sie eine Herausforderung für uns wird, an Selbstachtung zu gewinnen und mehr über uns selbst zu erfahren. Wie wir dieser Herausforderung begegnen, ist unsere Sache.

Einander lieben

heißt Vertrauen schenken

Im gleichen Augenblick, da wir uns der Liebe hingeben, verwandelt sich die ganze Welt.

EMERSON

Sprecht nicht von verschwendeter Zuneigung. Zuneigung ist noch nie verschwendet worden.

LONGFELLOW

Sie senkte den Blick ziemlich traurig und sagte mit wehmütiger Stimme: «Ich weiß, mein Mann kann sehr freundlich und zärtlich sein. Er ist es mit dem Hund!»

Mit dem Hund! Wie viele wissen, suche ich nach meinen Vorträgen regelmäßig den persönlichen Kontakt mit meinen Zuhörern. Das bietet uns die Gelegenheit, Freude, Begrüßungen und freundschaftliche Umarmungen auszutauschen. Nach jedem Vortrag begegnet mir wenigstens eine attraktive, meist ältere Dame, die mir, wenn ich sie umarme, zuflüstert: «Sie sind der erste Mann, der mich in die Arme nimmt, seit mein Mann vor sieben Jahren gestorben ist!» Ich lerne Männer kennen, die gestehen, niemals einen anderen Mann umarmt zu haben, nicht einmal ihre eigenen Söhne, seit sie erwachsen sind. Oft sagen sie: «Es ist ein gutes Gefühl.» An einen erinnere ich mich besonders deutlich; er seufzte: «Es ist, als sei ich wieder nach Hause gekommen.»

Eltern und Lehrer berühren Kinder zu oft nur, wenn sie sie stoßen, ziehen oder herumdirigieren. Und das ist so, obwohl wir heute eindeutig wissen, daß eine direkte Beziehung zwischen dem Grad an Körperkontakt, den Kinder erleben, und ihrer physischen und mentalen Gesundheit besteht.

Die meisten von uns nehmen nicht einmal die Menschen, die sie lieben, fest in die Arme. Interessanterweise umarmen wir uns offenbar nur noch im Geschlechtsakt, wenn wir im Fernsehen den großen Preis gewonnen haben oder in tragischen Augenblicken am Krankenbett und bei Beerdigungen.

Das Bedürfnis nach körperlicher Nähe wird am deutlichsten sichtbar, wenn irgendwelche Katastrophen eingetreten sind. Nach Erdbeben, Überschwemmungskatastrophen und schweren Unfällen suchen wir verzweifelt die Geborgenheit in den Armen eines anderen Menschen. Es ist interessant, daß Männer, die sich sonst niemals so verhalten würden, nach großen sportlichen Leistungen einander wie wild in die Arme fallen, sich gegenseitig auf den Rücken klopfen und sich vor Begeisterung abküssen.

Eigentlich ist es ganz natürlich, daß wir anderen unsere Zuneigung zeigen wollen. Aber aus irgendwelchen geheimnisvollen Gründen glauben wir, Zärtlichkeit sei ein Zeichen der Sentimentalität, Schwäche und Verwundbarkeit. Wir scheinen uns gleichermaßen zu scheuen, sie zu geben und zu empfangen.

In seinem ausgezeichneten Buch «Liebe geht durch die Haut» schreibt Desmond Morris, wir hätten dann offensichtlich die Empfindung,...

...jeder körperliche Kontakt sei abstoßend und einen anderen zu berühren oder von ihm berührt zu werden sei verletzend. In gewisser Hinsicht ist diese Haltung zu einem der größten Leiden unserer Zeit geworden, zu einer schweren sozialen Krankheit der modernen Gesellschaft, die wir heilen sollten, bevor es zu spät ist. Wenn wir diese Gefahr nicht erkennen, dann wird sich dadurch – wie durch die giftigen chemischen Bestandteile in unserer Nahrung – der Schaden von Generation zu Generation vergrößern, bis er sich schließlich nicht wieder gutmachen läßt.

Doch zum Glück kommt es trotz unserer Abneigung bei den meisten von uns täglich dazu, daß wir andere Menschen unbewußt berühren. Wir geben uns die Hand, klopfen uns gegenseitig auf den Rücken, fahren einander spielerisch durch die Haare oder – förmlicher – nehmen uns beim Tanzen in die Arme. Das alles sind gebräuchliche, nicht sexuell begründete, durch körperliche Berührung zum Ausdruck gebrachte Zeichen der Zuneigung. Es sind sehr menschliche Methoden, einander näherzukommen, unsere Liebe und unser Verständnis zu zeigen oder dem anderen das Gefühl der Wärme zu vermitteln. Das ist ein ganz einfaches menschliches Verhalten, aber einigen von uns fällt es ungeheuer schwer, sich dazu durchzuringen.

Der bekannte Psychiater Harold Bloomfield erzählt in seinem Buch «Making Peace with Your Parents» (Frieden schließen mit den Eltern), daß er eine unüberwindliche Abneigung dagegen verspürte, seinen Vater zu umarmen, bis er erfuhr, daß der Vater schwer an Krebs erkrankt war und bald sterben würde. Vater und Sohn mußten es erst wieder lernen, auf diese Weise den körperlichen Kontakt aufzunehmen, und es dauerte eine ganze Weile, bis aus einem ungeschickten Versuch eine herzliche Umarmung wurde, die besagte: «Ich liebe dich.» Diese Umarmung heilte Dr. Bloomfield und gab seinem Vater, seiner Mutter und der ganzen Familie neuen Lebensmut.

Ich erinnere mich an einen klassischen italienischen Film des bekannten Regisseurs Antonioni, in dem die Liebesbeziehung zwischen den Hauptdarstellern zu zerbrechen droht. Der Liebhaber ist in Tränen ausgebrochen. Er sitzt verzweifelt da, verbirgt das Gesicht in den Händen, unfähig, ein Wort zu sagen. Seine Freundin weiß, sie brauchte ihn nur sanft an der Schulter zu berühren, um ihn aus diesem hilflosen und hoffnungslosen Zustand zu befreien. Sie versucht es ein paarmal, doch es scheint ihr an der Kraft zu fehlen, die Hand für diese Geste zu heben. Schließlich nimmt sie Handtasche und Schal und verläßt still das Zimmer. Es war eine grausige Szene.

Ich habe ein solches Verhalten niemals verstehen können. Ich weiß noch, wie sehr es mich als Kind verwirrte, als ich feststellte, daß andere Kinder nicht von ihren Eltern auf den Schoß genommen und liebkost wurden und daß diese Leute einander nicht bei jeder Gelegenheit umarmten und küßten; denn in meiner Familie war das eine Selbstverständlichkeit, auch für Gäste. Ich umarmte auch meine Mitschüler, die deshalb sagten, ich sei homosexuell veranlagt. Sogar meine Lehrer erklärten mir, daß in der Schule andere Regeln galten: «Hände weg! In diesem Land ist das nicht üblich.» Ich suchte mich zu rechtfertigen und sagte: «Zu Hause tun wir es auch.» – «Aber nicht in diesem Klassenzimmer!» war die sehr entschiedene Antwort.

Noch heute spüre ich den natürlichen Impuls, die Menschen, denen ich begegne, in die Arme zu nehmen. Viele, die mich nicht kennen, lassen sich dadurch schockieren, oder sie halten es für ein Mätzchen. Es hat mir den Spitznamen «Dr. Hug» eingebracht (hug = umarmen). Andere reagieren so, als sei es ein unerlaubtes Eindringen in ihre Intimsphäre. Judith Martin, die unter dem Pseudonym Miss Manners Artikel über gesellschaftliche Umgangsformen schreibt, hat mich sogar ausdrücklich gebeten, sie nicht anzufassen. Sie sagte, sie ließe sich nur von ihrem Mann und König Ludwig XIV. berühren. Ich habe sie dann doch in die Arme genommen in der Hoffnung, daß auch ihr Mann es oft genug täte; denn wie ich wußte, war es für Ludwig XIV. zu spät. Ein bekannter Fernsehmoderator bat mich vor einem gemeinsamen Auftritt, auf eine Umarmung zu verzichten. «Hände weg, ich bin ein Mann», sagte er, «und ich möchte nicht, daß meine Zuschauer glauben, ich sei schwul.» Dagegen waren viele andere wie zum Beispiel Phil Donahue, der beliebte Showmaster, sehr offen für Umarmungen. Ein sehr treuherziger Mann, der als Zuschauer zu einer Donahue-Show gekommen war, zu der man auch mich eingeladen hatte, war richtig empört, als ich sagte, die Menschen sollten sich häufiger umarmen; er behauptete, wenn wir das täten, würde Amerika zu einem Land der sexuellen Abartigkeit.

Desmond Morris schreibt, die Scheu, einander zu berühren, sei die Folge von oft unbewußten, alten sexuellen Tabus. Dieser Umstand hindere uns entschieden daran, einander zu berühren, ohne solchen Berührungen eine sexuelle Bedeutung zu geben. Das habe zu

...massiven Hemmungen hinsichlich unserer nicht-sexuellen körperlichen Intimität geführt, und das gilt für die Beziehungen zu unseren Eltern und Kindern (Vorsicht, Ödipuskomplex!), zu unseren nahen Verwandten (Vorsicht, Inzest!), zu unseren engen gleichgeschlechtlichen Freunden (Vorsicht, Homosexualität!), zu unseren engen Freunden des anderen Geschlechts (Vorsicht, Unkeuschheit oder Ehebruch!) und zu unseren flüchtigen Bekannten (Vorsicht, Promiskuität!). Das alles ist zwar verständlich, aber völlig unnötig.

Es läßt sich nachweisen, daß unsere Fähigkeit, enge freundschaftliche Beziehungen zu anderen zu entwickeln, zu vertrauen, zu lieben und geliebt zu werden, im direkten Zusammenhang damit steht, ob wir als Kinder gestreichelt und liebkost worden sind. Wir lernen die Zuneigung zu anderen Menschen von denen, die uns mit ihrer Zärtlichkeit ein Beispiel gegeben haben. Wir lernen uns sicher zu fühlen, wenn wir die Wärme einer Umarmung gespürt haben, deren wir in bestimmten Augenblicken so dringend bedurften. Wir lernen Zärtlichkeit durch sanfte Erfahrungen mit anderen. Vom Augenblick der Empfängnis an ist das Embryo in der Wärme des Mutterschoßes geborgen. Daß dieses Gefühl der Geborgenheit auch nach der Geburt erhalten bleibt, ist entscheidend wichtig, und ein Kind, das nicht mehr in die Arme genommen und liebkost wird, entwickelt eine Bindung zu irgend etwas in seiner Umgebung, sogar zu einem Stofftier oder zu einer Menschenäffin, als Ersatz für die Wärme der mütterlichen Umarmung. Ein Kind, dem jeder menschliche Körperkontakt entzogen wird, stirbt.

Eine einfache Liebkosung kann das ganze Leben eines Menschen verändern. Wenn eine herzliche Umarmung im entscheidenden Augenblick verweigert wird, in dem man sie bitter nötig hat, dann kann das leicht dazu führen, daß die Beziehung zwischen zwei Menschen oder sogar zwischen zwei Völkern schließlich zerstört wird!

Unsere physischen Bedürfnisse bleiben während unseres ganzen Lebens die gleichen, und eine Kultur mag sich durch Einschränkungen oder Blasiertheit von diesen elementaren Bedürfnissen noch so weit entfernen, sie werden trotzdem bestehen bleiben. Bei uns gelten im Hinblick auf das Berühren anderer Menschen ungeschriebene Tabus. Oft sind Amerikaner schockiert, wenn sie nach Europa, Afrika oder Asien reisen und dort erleben, daß sich die Menschen umarmen, aneinander lehnen, die Hände halten und immer wieder den körperlichen Kontakt miteinander aufnehmen.

Helen Colton berichtet in ihrem interessanten und herausfordernden Buch «The Gift of Touch» (Die Gabe der

Berührung) von zahlreichen Versuchen, die gezeigt haben, welche positiven emotionalen und intellektuellen Auswirkungen es hat, wenn Menschen einander berühren. Sie schreibt von einem Sozialwissenschaftler, der eine vergleichende Studie über die Gewohnheiten von Amerikanern und Parisern vorgenommen hat und berichtet, daß sich europäische Freunde innerhalb einer Stunde wenigstens hundertmal berührten, während Amerikaner es nicht häufiger als drei- oder viermal taten.

Unsere Bereitschaft, mit anderen in Beziehung zu treten, wird weitgehend von den Erfahrungen bestimmt, die wir seit Beginn unseres Lebens mit körperlichen Kontakten gemacht haben. Natürlich würde niemand erwarten, daß eine Mutter einen Jugendlichen oder jungen Erwachsenen ebenso häufig berührt wie einen Säugling. Zuneigung kennt zu verschiedenen Zeiten verschiedene Ausdrucksformen. Aber in allen Phasen ist es notwendig, sie zu demonstrieren, wenn wir gesund bleiben wollen. Wieviel uns an einem anderen Menschen liegt, läßt sich daran messen, wieviel Zeit und Energie wir dafür aufwenden, ihm körperlich nahe zu sein. Es ist nur natürlich, daß wir die Nähe der Menschen suchen, die wir lieben.

Wenn wir den körperlichen Kontakt zu einem anderen aufnehmen, ändert sich sogar die chemische Zusammensetzung unseres Blutes. Ebenso wie unser Körper automatisch auf bedrohliche Situationen reagiert, indem er mehr Adrenalin in den Blutkreislauf pumpt und uns dadurch veranlaßt, lebensrettende Entscheidungen zu treffen, d. h. fortzulaufen, zu kämpfen, anzugreifen oder unser Verhalten in anderer Weise der jeweiligen Lage anzupassen, so reagiert er auch auf die körperliche Nähe eines anderen Menschen. Wenn wir gelernt haben, den körperlichen Kontakt zu scheuen oder zu fürchten, dann werden wir darauf ebenso reagieren wie auf bedrohliche Situationen und uns zu distanzieren suchen. Unser Intimverhalten ist konditioniert: Wenn wir Nähe fürchten, werden wir uns ihr entziehen oder lernen, einen sicheren Abstand zu halten. Wenn wir aber die Freude an der Nähe kennenlernen, wird unser Körper entsprechend mit Gefühlen des Wohlbefindens, der Entspannung, der Geborgenheit, der Zärtlichkeit und Furchtlosigkeit reagieren, und wir werden weiter aufeinander zugehen.

Harold Lyon sagt in seinem Buch «Tenderness is Strength» (Zärtlichkeit ist Stärke):

> Wir haben die Tatsache aus den Augen verloren, daß wir Menschen in gewisser Hinsicht kleinen Tieren gleichen, die durch kein Fell und durch keine scharfen Zähne geschützt sind. Was uns schützt, ist nicht unsere Bösartigkeit, sondern unsere Menschlichkeit, unsere Fähigkeit, andere zu lieben und uns von anderen lieben zu lassen. Es ist nicht unsere Robustheit, die uns nachts warmhält, sondern unsere Zärtlichkeit, die andere veranlaßt, uns zu wärmen.

Wissenschaftliche Untersuchungen haben gezeigt, daß alle Warmblüter das Bedürfnis haben, körperlich berührt zu werden. Der körperliche Kontakt erzeugt in ihnen das Gefühl des Wohlbefindens und beruhigt sie. Auf der anderen Seite führt der Entzug solcher körperlichen Kontakte oft zu Mutlosigkeit, Appetitlosigkeit, Apathie und zu einer Abnahme der allgemeinen Funktionsfähigkeit. Dr. Harold Voth, Psychiater an der Menninger Foundation in Kansas, hat gesagt:

Eine Umarmung kann Depressionen beseitigen und das Immunsystem des Körpers leistungsfähiger machen. Eine Umarmung haucht einem ermüdeten Körper neues Leben ein und gibt dir das Gefühl, jünger und vitaler zu sein. In der Familie werden tägliche Umarmungen die Beziehungen stärken und wesentlich dazu beitragen, Spannungen abzubauen.

Die Forschungen von Helen Colton bestätigen das:

...wenn eine Person berührt wird, erhöht sich der Prozentsatz des Hämoglobins im Blut deutlich. Hämoglobin ist ein Bestandteil des Blutes, der alle Organe mit dem lebenswichtigen Sauerstoff versorgt – einschließlich Herz und Gehirn. Eine Zunahme des Hämoglobins erfrischt den ganzen Körper, wirkt vorbeugend gegen Krankheiten und beschleunigt die Genesung nach einer Krankheit.

Dr. Voth und Miss Colton empfehlen jedem, seinen Ehepartner, seine Kinder, gute Freunde und Verwandte oft zu umarmen. Dr. Voth schreibt: «Wenn Sie allein leben, dann wirkt die herzliche Umarmung eines Freundes, wann immer Sie sich treffen, ebenso wohltuend. Das ist eine wunderbare Methode, die Lebensqualität zu erhöhen.»

Als Direktor des Seminars für Schmerzbehandlung an der Universität von Kalifornien in Los Angeles schrieb Dr. David Bresler:

Es nützt uns allen, wenn wir lernen, unsere körperlichen Bedürfnisse in liebevoller, zärtlicher Weise zum Ausdruck zu bringen und zu befriedigen. Ich gebe deshalb vielen meiner Patienten die folgende Hausaufgabe: Während der kommenden Wochen sollen sie täglich viermal einen anderen Menschen umarmen. Ich schreibe ihnen sogar das folgende Rezept aus: «Vier Umarmungen täglich – bitte nicht vergessen.» Wir dürfen auf keinen Fall unterschätzen, wie wirksam diese Therapie sein kann und welche Rolle sie im Heilungsprozeß spielen kann. Außerdem ist es ein Rezept, das niemandem schaden wird. Soweit ich weiß, ist noch nie jemand an einer Überdosis von Umarmungen gestorben. Es ist vielmehr so, wie einer meiner Patienten mir sagte: «Man wird süchtig davon. Wenn man einmal angefangen hat, andere zu umarmen, dann kann man es sich kaum wieder abgewöhnen!»

The Columbus Dispatch (eine amerikanische Regionalzeitung) vom 16. Januar 1983 berichtete von einer an der Ohio State University durchgeführten Untersuchung über den Zusammenhang zwischen fettreichem Futter und Arterienverkalkung bei Versuchskaninchen. Die Untersuchung zeigte, daß die Kaninchen, die das gleiche fettreiche Futter bekamen wie die anderen, aber von den Studenten in die Hand genommen und gestreichelt wurden, nur halb so viele Fettrückstände im Blut hatten wie die anderen. Am Schluß des Berichtes hieß es: «Vielleicht erklärt das zum Teil auch, warum sehr viel mehr Männer als Frauen unter Arterienverkalkung leiden.»

Helen Colton berichtet von Untersuchungen, die Jack Pankaepp von der Bowling Green State University in Ohio durchgeführt hat und die vermuten lassen, daß drogenabhängige Jugendliche oft aus Familien stammen, in denen sie wenig oder gar nicht körperlich berührt werden. Sie berichtet außerdem über eine Studie von James Presskott, der festgestellt hat, daß bei 30 untersuchten Kulturen körperliche Gewalt und Grausamkeit zunahmen, je weniger körperliche, sinnliche Kontakte stattfanden.

Ob diese Untersuchungen nun ganz zuverlässige Werte ergeben haben oder nicht, man kann jedenfalls nicht leugnen, daß der körperliche Kontakt positive, gesundheitsfördernde Auswirkungen hat. Und doch leben wir in einer Gesellschaft, in der diese Möglichkeit der Kontaktaufnahme entschieden vernachlässigt wird. Desmond Morris sagt:

> Unglücklicherweise und fast ohne daß wir es wahrnehmen, berühren wir uns gegenseitig immer weniger; wir entfernen uns immer weiter voneinander, und die körperliche Unberührbarkeit wird begleitet von einer emotionalen Distanz. Es ist so, als habe der moderne zivilisierte Mensch eine emotionale Rüstung angezogen und finge an, sich mit seiner in einem eisernen Handschuh steckenden samtweichen Hand von den Emotionen auch der nächsten Angehörigen und Freunde abgeschirmt und ausgeschlossen zu fühlen.

Jugendliche geben zu, daß der Mangel an Zärtlichkeit in ihrem Leben sie oft zur sexuellen Promiskuität führt. Sie reagieren dann bereits auf eine «zarte Berührung». Sie tun Dinge, die keineswegs ihrem Charakter entsprechen und außerhalb ihres Wertsystems liegen, um Wärme zu spüren und um angenommen zu werden.

Die menschliche Sexualität, die vielleicht der wichtigste Ausdruck aufrichtig empfundener Nähe ist, hat im Laufe der Jahre die Beziehung zum Gefühl der Zuneigung verloren. Wir sprechen selten davon, daß wir «uns lieben», sondern meistens nur noch von «Sex» und verwenden andere viel gröbere Ausdrücke. Sexualität und Intimität in der Liebe sind nicht unbedingt das gleiche, obwohl sie sich nicht ausschließen. Die Sexualität kann unter Umständen ganz von der Liebe losgelöst sein. Sie kann zur einfachen Befriedigung des Geschlechtstriebes werden. Dann hat sie nichts mehr mit der für den anderen empfundenen Zuneigung oder mit der Fortpflanzung zu tun. Der Körper des einen menschlichen Wesens wird benutzt, um die Bedürfnisse des anderen zu befriedigen. Das ist alles. Und das hat dann nur noch wenig oder gar nichts mit Liebe, Zärtlichkeit, Zuneigung, Gemeinsamkeit oder Hingabe zu tun. Sexualität ist dann nur ein Geschlechtsakt, der ein Bedürfnis befriedigt. Ohne den wesentlichen Inhalt des intimen Zusammenseins, d. h. ohne den Ausdruck von Liebe und Zuneigung, fehlen dem Geschlechtsakt grundlegende positive Faktoren wie dauernde Sicherheit und Befriedigung. Sie lassen sich nur in der vollständigen physischen und emotionalen Vereinigung erreichen. Wie jede Droge wird Sex ohne Liebe nur zum Ausdruck eines physischen Grundbedürfnisses und persönlichen Verlangens und verliert jede Bedeutung, sobald der Orgasmus erreicht ist; er bewirkt dann nichts im Hinblick auf eine längere zwischenmenschliche Beziehung oder die Liebe der beiden Partner.

Seit etwa zehn Jahren gibt es eine umfangreiche Literatur, in der die These aufgestellt wird, die Hauptursache dafür, daß es in den Beziehungen zwischen Erwachsenen Schwierigkeiten gibt, sei der Mangel an Wissen über die Sexualität oder über sexuelle Techniken. Es gibt deshalb eine ganze Flut von Bestsellern mit konkreten Anweisungen für das Sexualleben. Es sind zum Teil reich illustrierte

Bücher, aber auch wissenschaftliche Texte, in denen genau beschrieben wird, wo die empfindlichen Körperstellen liegen und auf welche Weise sich der «totale» Orgasmus erreichen läßt. Man redet uns ein, wenn wir diese Phänomene nicht verstünden, würden unsere Beziehungen zum anderen Geschlecht leiden und wäre die Liebe unmöglich. Uta West berichtet in ihrem Buch «If Love is the Answer, What is the Question?» (Wenn Liebe die Antwort ist, wie lautet die Frage?) über ein Gespräch zwischen den Schriftstellern James Baldwin und Norman Mailer über Liebe und Orgasmus. Baldwin bezweifelt die Bedeutung des Orgasmus für die Liebe, und Mailer sagt, daß in den Ghettos, in denen er aufwuchs, «Männer und Frauen ständig den Orgasmus erlebten und trotzdem an den Samstagabenden mit Rasiermessern aufeinander losgingen».

In «One to One» (Eins zu eins) sagt Dr. Theodore Rubin, daß die Überbewertung der Technik und falsche sexuelle Aufklärung

...destruktiv auf die sexuelle Gesundheit jeder Beziehung wirken und zu einem Mangel an Befriedigung sowie zu Störungen zwischen den Partnern führen. Die Überbewertung konkreter mechanischer (sexueller) Sachkenntnis, die Sorge, es richtig zu machen, stereotype Vorstellungen vom «idealen» Geliebten und von der «idealen» Reaktion – all das hat die Verbindung zwischen Sex und Zuneigung geschwächt.

Dies hat bei vielen Menschen dazu geführt, daß sie die sexuelle Begegnung nicht mehr als Ausdruck der Liebe, sondern als eine mechanische Fertigkeit oder Übung empfinden. Ein Freund hat mir gestanden: «Ich fühle mich während des Geschlechtsakts so gehemmt, daß ich immer daran denken muß, ob ich es auch wirklich richtig mache – und deshalb empfinde ich nur noch selten etwas dabei.»

Dr. Rubin spricht von diesem Gefühl, wenn er sagt:

Diese Betonung des Mechanischen ist destruktiv. Sie führt zur Oberflächlichkeit und zum falschen Stolz auf besondere Leistungen, nicht aber zu einem gesunden Interesse an der Bereicherung der Beziehung. Sexualität als Leistungssport bringt keine dauernde oder tiefere Befriedigung. Wer das erwartet, wird enttäuscht – und diese Enttäuschung wirkt sich negativ auf allen Ebenen der Beziehung aus.

Der Psychiater Rollo May bestätigt diese Auffassung in seinem wichtigen Buch «Love and Will» (Liebe und Wille). Er sagt:

Ein zweites Paradox liegt darin, daß die neue Betonung der Technik in der Sexualität und beim Liebeswerben zu Fehlschlägen führt. Ich stelle immer wieder fest, daß die Zahl der Bücher mit technischen Anweisungen, die der einzelne liest oder die in einer Gesellschaft gedruckt werden, im umgekehrten Verhältnis zu der sexuellen Leidenschaft oder sogar zu der Freude steht, welche die Personen erleben, die sich danach richten. Natürlich ist gegen die Technik beim Golfspiel, in der Schauspielkunst oder in der Sexualität nichts einzuwenden. Aber die Überbetonung der Technik im Sexualleben führt zu einer mechanistischen Einstellung im Hinblick auf die Liebesbeziehung, und die Folgen sind Entfremdung, Gefühle der Einsamkeit und der Entpersönlichung.

Ich glaube, wenn die Liebe stark genug ist, werden die Partner auch ohne jede Anleitung die Stellung Nr. 63 oder die Körperstellen Z, G oder Q finden, deren Berührung ihnen den größten Lustgewinn verschafft. Ich behaupte nicht, daß Unaufgeklärtheit das Beste sei, sondern will nur sagen, daß die Überbewertung der mechanischen Seite der Intimität der echten Zuneigung abträglich sein kann, deren schönster Ausdruck die spontane körperliche Vereinigung der Liebenden ist. Die Ergebnisse der jüngsten Forschungen, bei denen das Verhalten von Personen untersucht wurde, die das Experimentieren mit der Sexualität bzw. das freie Zusammenleben der Ehe vorzogen, haben das bestätigt. Man hat festgestellt, daß diese unverbindlichen, zu einer Pseudointimität führenden Beziehungen zur Bekämpfung der Einsamkeit und zur Erleichterung sexueller Begegnungen Männer leichter befriedigen können als Frauen. Sexuelle Schwierigkeiten werden oft als Ursache für das Scheitern solcher Beziehungen angegeben – es stellte sich jedoch heraus, daß viel eher die Angst vor echter Verpflichtung und tiefer Intimität dahinter steht. In solchen Beziehungen verlangen die Partner alles voneinander – vermeiden es jedoch, sich zu verpflichten. So wird daraus nur die Karikatur einer intimen menschlichen Beziehung, und sie bestimmt in keiner Weise den Erfolg oder das Scheitern der Beziehung, wenn einmal echte Verpflichtung hinzukommt.

Ich möchte hiermit den Wert eines stimulierenden und spannenden Geschlechtslebens und die Freude, die es den Partnern schenken kann, nicht herabsetzen. Ich möchte lediglich darauf hinweisen, daß die Sexualität zwar ein wesentlicher Teil einer Beziehung ist, daß sie aber nicht die *einzige*, ja nicht einmal die *wichtigste* Art ist, dem anderen seine Zuneigung zu zeigen. Es ist allerdings interessant, daß fast die gesamte Literatur, die ich zum Thema der Intimität gelesen habe, ausschließlich Zuneigung und Nähe in heterosexuellen Beziehungen behandelt. Die Intimität innerhalb der Familie, Homosexualität und nichtsexuelle Intimität werden kaum erwähnt. Es mag zutreffen, daß die in der Geschichte berühmt gewordenen Liebespaare Angehörige verschiedenen Geschlechts gewesen sind, aber die innigsten Freundschaften sind seit jeher zwischen Vertretern des gleichen Geschlechts geschlossen worden. Trotzdem gibt es über die am weitesten verbreitete Erfahrung der tiefen, nicht sexuell begründeten Zuneigung, wie wir sie in der Freundschaft erleben, verschwindend wenig Literatur.

Ich weiß, daß viele auf das oben Gesagte mit starken negativen Gefühlen reagieren werden. Sie werden sagen: «Ich lasse mich nicht anfassen! Ich möchte in Ruhe gelassen werden. Hände weg!» Ich achte diese Haltung natürlich. Diesen Menschen ist es unangenehm, wenn Zuneigung körperlich zum Ausdruck gebracht wird. Gewiß gibt es viele verschiedene Möglichkeiten, Nähe auszudrücken. Vielleicht haben diejenigen, die den körperlichen Kontakt ablehnen, andere Möglichkeiten gefunden, ihr Verlangen nach Intimität zu befriedigen. Jedenfalls hoffe ich das.

Es ist nicht leicht, alte Gewohnheiten zu ändern. Wenn es uns fremd ist, Zuneigung durch körperliche Kontakte zum Ausdruck zu bringen, dann wird ein solcher Versuch uns zunächst ängstigen und beunruhigen. Wenn wir uns jedoch nach Berührung sehnen und das Bedürfnis haben, unser physisches Intimverhalten zu ändern, dann ist es gut zu wissen, daß wir es tun können. Doch wie bei allen Versuchen, unser Verhalten zu ändern, dürfen wir auch hier nicht erwarten, daß es über Nacht geschehen kann. Wenn wir über viele Jahre die Distanz zu unseren Mitmenschen gewahrt haben, dann wäre es unnatürlich, sie jetzt plötzlich zu umarmen. Zunächst werden wir vielleicht versuchen, innerhalb des sicheren Familienkreises und mit verständnisvollen Freunden solche Kontakte aufzunehmen. Dabei wird es uns vielleicht helfen, wenn wir mit ihnen über unseren Wunsch, unser Verhalten in dieser Richtung zu ändern, sprechen können. Vielleicht beginnen wir mit einem Händedruck, legen dem anderen freundschaftlich die Hand auf den Rücken, berühren seinen Arm und gehen allmählich zu anderen, intimeren Arten nicht-sexuell motivierter Körperkontakte über, etwa zu einer herzlichen Umarmung oder zu einem zärtlichen Kuß auf die Wange. Oft hat das unmittelbare und dramatische Auswirkungen. Die meisten von uns wollen die Distanz zu ihren Mitmenschen endlich aufgeben. Wir haben das Bedürfnis, einander näherzukommen, neue Möglichkeiten dafür zu finden und neue Brücken zu denen zu bauen, die wir lieben. Natürlich ist die körperliche Nähe nur eine Methode, uns verständlich zu machen, in Kommunikation zu treten. Und Kommunikation ist eine wesentliche Voraussetzung für das Schaffen von Beziehungen.

Donna Swanson hat in dem Gedicht «Minnie Remembers» (Minnie erinnert sich) das Bedürfnis nach Wärme, körperlicher Nähe, Zärtlichkeit und Liebe sehr eindringlich geschildert. Es ist in ihrem Buch «Mind Song» (Gedankenlied) enthalten:

Wie lange ist es her, daß jemand mich berührt hat? Seit 20 Jahren bin ich Witwe. Man achtet mich und lächelt mich an. Aber niemand berührt mich... O Gott, ich bin so einsam. Ich denke an Hank und die Kinder. Wie könnte ich mich anders an sie erinnern als im Zusammensein? Es schien Hank nichts auszumachen, daß ich ein wenig zunahm und mein Körper seine jugendliche Frische verlor. Er liebte ihn, und er liebte es, ihn zu berühren. Und auch die Kinder haben mich oft umarmt... Mein Gott, bin ich einsam! O Gott, warum haben wir die Kinder nicht dazu erzogen, ein wenig leichtsinnig, zärtlich und weniger seriös und ordentlich zu sein! Sie fahren in ihren schicken Wagen vor und kommen in mein Zimmer, um mich ehrfurchtsvoll zu begrüßen. Sie schwatzen fröhlich und sprechen von alten Zeiten. Aber sie berühren mich nicht. Sie nennen mich Mama oder Mutter oder Großmama. Aber niemals Minnie. Meine Mutter nannte mich Minnie. Auch meine Freunde nannten mich so. Hank nannte mich Minnie. Aber sie sind nicht mehr da, und auch Minnie ist verschwunden.

So traurig es ist, wir alle kennen Minnie. Wir gehören einer Gesellschaft an, in der die meisten Menschen gut angezogen, zu gut ernährt und in vieler Hinsicht verwöhnt sind. Wir haben so viel. Und doch leiden wir unter einem sehr gefährlichen Mangel – unter der Unfähigkeit, unsere Liebe und Zuneigung furchtlos, offen und ehrlich zum Ausdruck zu bringen. Es kostet so wenig, den anderen mit offenen Armen aufzunehmen, und es ist eine der klarsten und freundlichsten Aussagen, die wir machen können.

Einander lieben
auch in schwierigen Situationen

Hüte dich davor, Ratschläge zu erteilen.
Die Unwissenden werden nicht darauf
hören, und die Wissenden brauchen sie
nicht.

THE WASHINGTON POST

Ich habe nie Wert darauf gelegt, Ratschläge zu geben oder zu bekommen. Ich bin fest davon überzeugt, daß die besten Antworten für jeden von uns bereits in uns liegen. Wir müssen sie nur erkennen und entsprechend handeln.

Als ich den Fragebogen zu den Problemen der zwischenmenschlichen Beziehungen entwarf, dachte ich daran, wieviel wir aus den reichen Erfahrungen der Teilnehmer gewinnen könnten, wenn ich sie aufforderte, einige «wohlüberlegte Ratschläge» zu formulieren. Viele sagten, sie seien nicht bereit, Ratschläge zu erteilen, auch keine wohlüberlegten. Aber die meisten wollten gerne einige Anregungen beisteuern, die nach ihrer Meinung nützlich sein könnten. Ich hatte den Eindruck, daß es sich lohnte, ihre Ideen zu veröffentlichen. Wenn die Befragten schon im Hauptteil des Fragebogens die gleichen Vorschläge gemacht hatten, habe ich sie hier nicht noch einmal wiederholt.

Die folgenden Anregungen enthalten, wie ich glaube, wertvolle Gedanken, die auch den Klügsten unter uns etwas zu sagen haben. Sie sind Ausdruck aufrichtiger und nüchterner Überlegungen, deren Wert sich kaum bestreiten läßt.

Denke nicht in den Kategorien der Ewigkeit. Denke an das Jetzt, und die Ewigkeit wird selbst für sich sorgen.

––––––––––

Wir müssen damit rechnen, für unsere Beziehungen sehr viel Zeit und Energie aufzuwenden. Dauerhafte Beziehungen fallen uns nicht in den Schoß, sie werden geschaffen.

––––––––––

Erkenne, daß nicht alle Beziehungen ewig dauern können. Erkenne ihre Vergänglichkeit, aber verhalte dich so, als würden sie ewig dauern.

––––––––––

Achte die Beziehungen, die der andere zu anderen unterhält. Wenn sie für den, den du liebst, wichtig sind, dann sollten sie auch dir etwas bedeuten.

––––––––––

Mache dir von anderen keine idealen Vorstellungen. Sie werden deine Erwartungen niemals erfüllen.

––––––––––

Nimm dir Zeit.

Entferne die Preisschilder von den Menschen. Jeder hat seinen Wert; das Erregende liegt in der Entdeckung dieses Wertes.

———————

Fürchte dich nicht vor dem Geben. Du kannst nie zuviel geben, wenn du bereitwillig gibst.

———————

Glaube nicht, daß man von dir verlangt, du solltest jede wache Stunde mit denen zubringen, die du liebst. Ziehe dich von Zeit zu Zeit zurück und laß auch ihnen ihren Freiraum.

———————

Zwinge niemanden, «im Namen der Liebe» etwas für dich zu tun. Mit der Liebe darf man keinen Handel treiben.

———————

Analysiere deine Beziehungen nicht zu gründlich.

———————

Erkenne, daß du immer Wahlmöglichkeiten hast. Es liegt an dir.

Denke daran, daß in einer Beziehung der gemeinsame Besitz zusammengelegt wird. Das bedeutet, daß du in jeder Beziehung nicht nur gibst, sondern daß du auch empfängst.

———

Laß es nicht zu, daß sich dein Herz durch Erfahrungen verhärtet; benutze sie vielmehr dazu, bewußter, aufmerksamer und sensibler zu werden.

———

Unterdrückt einander nicht. Niemand kann im Schatten wachsen.

———

Verliere nicht den Kontakt zur Verrücktheit in dir. Sie, verbunden mit sehr viel Liebe, wird dafür sorgen, daß das gemeinsame Leben niemals langweilig wird.

———

Mache dir keine unnützen Gedanken. Gehe weiter voran im Leben und in der Liebe. Du hast alles nur für eine gewisse Zeit.

———

Klammere dich nicht an deine Wut oder an deinen Schmerz. Sie rauben dir deine Energie und halten dich von der Liebe fern.

Immer wenn du eine neue Beziehung anknüpfst, frage dich: Verbinde ich damit irgendwelche Nebenabsichten? Knüpfe ich an meine Liebe irgendwelche Bedingungen? Versuche ich, vor etwas zu fliehen? Will ich den anderen Menschen ändern? Brauche ich diesen Menschen dazu, daß er mir hilft, einen Mangel in mir selbst auszugleichen? Wenn du eine dieser Fragen mit «Ja» beantworten mußt, dann laß diesen Menschen allein. Es wird besser für ihn sein, wenn du ihn in Frieden läßt.

Es gibt Zeiten, in denen du vielleicht eine bestimmte Beziehung abbrechen willst, aber höre niemals auf, überhaupt Beziehungen zu anderen zu pflegen.

Halte das Kind in dir lebendig, und höre niemals auf zu spielen.

Erkenne das Gute und das Schöne in den Menschen, auch wenn sie selbst anscheinend alles versuchen, es nicht zu zeigen.

Wenn du dir die Zeit nimmst, täglich mit deinem Partner zu sprechen, werdet ihr euch niemals fremd werden.

Mit einer Scheidung, mit Streit und Argumentieren wirst du deine Probleme niemals lösen; versuche es statt dessen mit Verständnis, Wärme und der Bereitschaft, dich anzupassen.

Sei dir deines eigenen Wertes bewußt. Die einzigen Menschen, die einen Fußabtreter brauchen, sind Leute mit schmutzigen Schuhen.

Höre auf, dich selbst zu bemitleiden und anzuklagen und mit dem «mea culpa»-Syndrom durch das Leben zu gehen. Wir sind nicht so schlecht, wie wir glauben.

Bevor du eine neue Beziehung anknüpfst, frage dich, ob der andere Eigenschaften oder Gewohnheiten hat, die dich abstoßen. Wenn das so ist, frage dich, ob du diese Dinge dein ganzes Leben ertragen könntest. Lautet die Antwort «nein», dann verzichte.

Schreibe alle Gründe auf, warum du die Menschen liebst, mit denen du umgehst. Wenn es einmal schwierig wird, nimm die Liste zur Hand und lies sie noch einmal durch. Das wird dir helfen, alle Schwierigkeiten schnell zu überwinden.

Mache die Probleme des anderen nicht zu deinen eigenen. Dadurch wird ihre Lösung nur doppelt schwer.

————————

Fürchte dich nicht vor Meinungsverschiedenheiten und Streit; die einzigen Menschen, die sich nicht streiten, sind teilnahmslos oder tot. Vermeide kurze Streitigkeiten. Gehe alles gründlich durch, bis das Problem wirklich erledigt ist.

————————

Wenn ein Streit vorüber ist, vergiß ihn.

————————

Lerne, dich zu beugen. Das ist besser, als zu zerbrechen.

————————

Nimm dich selbst nicht zu ernst, aber versäume es nie, den anderen ernst zu nehmen.

————————

Sei nicht kleinlich oder egoistisch, und laß dich nicht auf kindische Sticheleien ein. Das alles wird deine Beziehungen zu anderen nur belasten und dich daran hindern, ihnen näherzukommen.

Gib acht auf kleine Irritationen; sie wachsen sich zu zerstörerischen Ungeheuern aus. Sprich dich sofort darüber aus.

Hüte dich vor Hochmut. Er ist gewöhnlich unbegründet, schafft Barrieren und hindert uns daran, einander näherzukommen.

Achte das Menschliche im anderen.

Prüfe ständig die Natur deiner Beziehungen zu anderen, denn sie sind dynamisch, nicht statisch, und sie verändern sich daher zum Guten oder zum Schlechten.

Zeige deine Gefühle. Gefühle haben nur einen Sinn, wenn sie im Handeln zum Ausdruck kommen.

Verstärke Zärtlichkeit und Intimität. Sie schaffen den fruchtbaren Boden für glückliche Beziehungen.

Sei mitfühlend. Das ist der sicherste Weg zum Verstehen und Annehmen.

Betrachte jede Kritik als etwas Positives, denn sie führt dich zur richtigen Selbsteinschätzung. Du kannst sie jederzeit ablehnen, wenn sie ungerecht oder unzutreffend ist.

Lerne zuzuhören. Du lernst nichts davon, wenn du dich selbst reden hörst.

Verscheuche deine Sorgen. An die meisten Dinge, um die du dich sorgst, wirst du dich nach einer Woche kaum noch erinnern können.

Erwarte das Angemessene und nicht das Vollkommene.

Wenn jeder Partner in einer Liebesbeziehung bereit ist, 75 Prozent von sich zu geben, dann habt ihr 50 Prozent mehr, als ihr für eine perfekte Beziehung braucht.

Da Liebe erschaffen werden kann, gibt es keinen Grund, auf die Liebe zu verzichten.

Erlaube niemandem, dich auf einen Sockel zu stellen. Man fällt zu leicht herunter.

Kümmere dich nicht darum, was dir eine Beziehung nützen kann. Denke vielmehr daran, wie du sie bereichern kannst.

Spiele keine Spiele. Eine wachsende Beziehung kann nur durch Aufrichtigkeit gefördert werden.

Obwohl du nur eine Hälfte einer Beziehung bist, mußt du doch ein ganzer Mensch bleiben.

Was für ein wunderbares Gefühl, mit einem Menschen verbunden zu sein, der nicht nur von dir, sondern von vielen geliebt wird. Es sagt dir, daß du die richtige Wahl getroffen hast.

Um etwas Wertvolles zu schaffen, brauchen wir Geduld und Energie.

———————

Wenn wir gute Beziehungen herstellen wollen, müssen wir mit offenen Augen durch die Welt gehen. Offene Augen können viel Spaß machen.

———————

Denke daran, daß Moral und geistige Werte dir keine Fesseln anlegen, sie schützen dich.

———————

Lache viel. Es regt deine Herztätigkeit an und schützt dich vor Kreislaufbeschwerden.

———————

Beziehungen sind keine Sportveranstaltungen. Höre auf, um die Überlegenheit zu ringen. Niemand gewinnt bei einem solchen Zweikampf außer den Scheidungsanwälten.

———————

Vielleicht ist es gar nicht so schlecht, Dinge zu tun, die man lieber nicht tun würde, wenn es einen anderen glücklich macht.

Was du über dich selbst in Erfahrung bringst, wird dir bei dem Versuch, andere zu verstehen, eine unendlich große Hilfe sein.

Betrachte Probleme als kleine Wunder, die Erkenntnisse und Veränderungen bewirken können.

Bewahre deine Integrität als Persönlichkeit und bemühe dich trotzdem darum, eins mit dem anderen zu werden. Das wird dir am besten gelingen, wenn du EUCH zu EINEM machst.

Verliebe dich nicht in die Liebe, denn sonst wirst du in ihrer Komplexität ertrinken.

Du bist der Mittelpunkt all deiner Beziehungen, und deshalb bist du verantwortlich für deine Selbstachtung, dein inneres Wachsen, dein Glück und die Erfüllung deiner Bestimmung. Erwarte nicht vom anderen, daß er dir diese Dinge schenkt. Du mußt leben, als lebtest du allein und als seien andere die Geschenke, die dir helfen sollen, dein Leben zu bereichern.

Sei höflich. Die Liebe erlaubt keine Grobheiten.

————————

Wenn du dich über einen Menschen ärgerst, dann ist es vielleicht ratsam, zu überlegen, was dir an diesem Menschen alles gefällt, bevor du reagierst.

————————

Lasse es nicht zu, daß deine Beziehungen zu anderen zerbrechen, weil du sie vernachlässigt hast.

Einander lieben

die tägliche Verzauberung

In einer immer dichter bevölkerten und unpersönlichen sozialen Umwelt wird es zunehmend wichtiger, daß wir uns auf den Wert enger persönlicher Beziehungen besinnen, bevor wir zu der verzweifelten Frage gedrängt werden: «Was ist aus der Liebe geworden?»

DESMOND MORRIS

Es besteht kaum ein Zweifel daran, daß sich die meisten von uns danach sehnen, einander stärker, kreativer und befriedigender zu lieben. Natürlich können wir das nur tun, wenn wir bereit sind, die notwendigen Anstrengungen zu machen. Das wird nicht leicht sein, aber das Folgende wird uns dabei helfen, wenngleich es sicher schon oft gesagt und wiederholt worden ist.

Erkenne dich selbst

Es überrascht mich nicht, daß es die Menschen verwirrt oder ärgert, wenn sie den allzu oft zitierten Satz «Erkenne dich selbst» hören. Wir kennen diese Mahnung seit dem Beginn der Zivilisation, und sie ist während der vergangenen 20 Jahre sehr oft mißverstanden worden. Man gibt uns vage, allgemein gehaltene Ratschläge, sagt aber kaum etwas darüber, wie wir das alles in der Praxis bewerkstelligen sollen. Man sagt uns nur selten, ob wir es allein tun können oder ob wir dazu einen Lehrer, einen Psychiater, einen Priester oder einen Mystiker brauchen. Oscar Wilde hat gesagt: «Nur oberflächliche Naturen kennen sich selbst.» Hinter dieser Aussage steht eine tiefe Erkenntnis. Sie weist uns darauf hin, daß der Prozeß der Selbstfindung niemals zu Ende sein kann. Es gibt eine hübsche Geschichte von dem Mann, der nach Jahren intensiver Selbstprüfung in höchste Erregung geriet und begeistert ausrief: «Endlich weiß ich es! Endlich bin ich hinter das Geheimnis meines Selbst gekommen. Ich weiß jetzt, wer ich bin!»

Ein Vorübergehender hörte dies, sprach ihn an und fragte neugierig: «Wie wunderbar, und was hast du gefunden?»

«Ich bin eins mit allen Dingen», antwortete der freudig erregte Mann.

«Du bist eins mit allen Dingen?» wiederholte der andere.

«Meinst du, ich sei es *nicht*?» fragte der Mann.

Da in uns ein viel größeres Potential schlummert, als wir es je verwirklichen können, ist es unrealistisch zu glauben, wir könnten uns jemals ganz erkennen. Bestenfalls ist das Streben nach Selbsterkenntnis ein fortlaufender Prozeß. Und doch ist ein bestimmtes Maß an Selbsterkenntnis eine wesentliche Voraussetzung für das Überleben. Andere können uns nur so gut kennen wie wir selbst. Wir müssen eine liebevolle Beziehung zu uns selbst entwickeln, bevor wir es von anderen erwarten können. Da die Entwicklung der Persönlichkeit ein Prozeß ist, der das ganze Leben in Anspruch nimmt, müssen wir es riskieren, uns im Augenblick so zu zeigen, wie wir sind – unvollständig und unvollkommen. Durch diese liebevolle Selbstenthüllung, bei der wir auch unsere Verwundbarkeit zugeben, ermöglichen wir es anderen, etwas zu riskieren und uns zu helfen, mehr über uns selbst zu erfahren. Wenn wir uns im Umgang mit anderen Beschränkungen auferlegen, haben wir weniger Möglichkeiten, etwas zu lernen. Wenn wir bereit sind, uns gegenüber anderen zu öffnen und uns mitzuteilen, werden auch sie ihre Erfahrungen mit uns teilen. Wenn wir uns fürchten, unsere Unvollkommenheit zu zeigen, dürfen wir nicht erwarten, daß andere sich sicher genug fühlen, das gleiche zu tun, und wir werden einander auch weiterhin fremd bleiben. Ich habe einen Freund, der zugibt, daß er im Augenblick nicht viel zu geben hat. Er ist bereit, dieses Wenige mit anderen zu teilen, und hofft, daß das genügt. Allzuoft glauben wir, daß wir mehr geben, mehr sein und uns besser anpassen können, als es uns in Wirklichkeit möglich ist. Wenn wir keine realistische Selbsteinschätzung haben, können wir keine echten Beziehungen zu anderen aufnehmen, unser eigenes Selbst nicht wirklich entwickeln und andere nicht wirklich annehmen.

«Die erste Affäre, die wir erfolgreich bewältigen müssen, ist die Liebesaffäre mit uns selbst», sagt Nathaniel Branden in seinem Buch «Verliebt fürs ganze Leben». «Erst dann sind wir für andere Liebesbeziehungen bereit.» Schließlich müssen wir in erster Linie die Verantwortung für uns selbst übernehmen, so sehr wir uns auch um andere kümmern mögen; denn wir können anderen nur geben, was wir selbst haben. Wenn wir uns unsichtbar, unfähig und als Opfer fühlen, dann besitzen wir auch nicht die Kraft, anderen Sichtbarkeit, Sicherheit und Kraft zu geben.

Um etwas über uns selbst zu erfahren, müssen wir unser Selbst ständig erkennen. Wir müssen uns zu unseren unbegrenzten geistigen und körperlichen Kräften bekennen, um uns willensmäßig in eine bestimmte Richtung zu entwickeln, uns zu wandeln und zu wachsen. Das verlangt, daß wir auf Selbstabwertung und Selbsttäuschung verzichten und so gut und genau wie möglich darauf achten, wie wir das, was wir glauben, in die Tat umsetzen. Nur wer sich bereitwillig selbst erforscht und annimmt, kann diese notwendige Bereitschaft auch bei anderen akzeptieren.

Laß dich nicht von Kleinigkeiten irritieren

Wenn du dein eigenes Verhalten beobachtest, dann wirst du dich vielleicht fragen: «Wenn ich mit einem Menschen zusammenleben müßte, der meine Eigenschaften hat, würde ich bei ihm bleiben wollen?» Allzuoft nehmen wir uns nicht die Zeit, uns so wahrzunehmen, wie andere es tun, die uns nahestehen. Ich erinnere mich, an einer Studie über das Verhalten von Lehrern im Unterricht teilgenommen zu haben. Im Rahmen dieser Untersuchung wurden die Lehrer (ohne daß sie es selbst wußten) irgendwann während des Unterrichts im Klassenzimmer von einer Fernsehkamera aufgenommen. Die dabei entstandenen Bänder sollten der Selbsteinschätzung dienen. Nur die Lehrer selbst bekamen sie zu sehen. Als sie sich die Filme vorführten, waren die meisten Lehrer schockiert über ihr eigenes Verhalten. Sie hatten sich bis dahin noch niemals in Aktion gesehen. Alle waren sich einig darin, daß dies eine ausgezeichnete Methode sei, etwas über sich selbst zu erfahren. Viele von uns, die sich so prüfen könnten, würden wahrscheinlich feststellen, daß wir ganz anders wirken, als wir es bisher geglaubt haben. Sind wir unzufrieden, anspruchsvoll, gedankenlos, arrogant, zu kritisch, unvernünftig, unfreundlich, haben wir zu wenig Achtung vor dem anderen, zeigen wir zu wenig Wärme und Zärtlichkeit, sind wir vorwurfsvoll, herrschsüchtig, spöttisch, oder neigen wir dazu, andere herabzusetzen, betrachten uns aber doch als liebevolle Menschen? Oder ist das, was wir tun und sagen, in den meisten Fällen herzlich, liebevoll, wohlwollend und aufrichtig?

Tatsächlich sind es nicht die großen Probleme, die menschliche Beziehungen zum Scheitern bringen; es ist vielmehr meist eine Reihe von kleinen Schwierigkeiten, die über einen längeren Zeitraum hinweg andauern: kleine Unachtsamkeiten, gedankenlose Äußerungen, kleine Grausamkeiten, unausgesprochene Worte oder gute Vorsätze, die wir immer wieder auf später verschieben. Die Akten der Scheidungsprozesse sind voll von solchen Dingen, die als «unüberbrückbare Gegensätze» zusammengefaßt werden. Wenn wir sie genau betrachten, dann stellen wir fest, daß es eigentlich nur unbedeutende Kleinigkeiten sind, über die wir uns ärgern wie z. B.:

Sie unterbricht mich ständig, wenn ich etwas sage. Das macht mich verrückt!

Er räumt nie die Dinge auf, die er liegen läßt.

Er kann sich nicht entscheiden und ändert ständig seine Meinung.

Sie ist so stur. Ich fürchte mich schon, einen Aschenbecher anzufassen, weil ich ihn vielleicht nicht genau an die Stelle zurückstelle, an der er stehen soll. Ich bedeute ihr weniger als ein Aschenbecher!

Jeden Abend schläft er vor dem Fernseher ein. Ich könnte genauso gut auch allein leben.

Er redet die ganze Zeit. Und dabei hat er nie etwas Wichtiges zu sagen. Er kann nur nicht aufhören zu reden.

Sie kann es kaum erwarten, daß ich nach Hause komme, damit sie mir in allen Einzelheiten ihre Schauergeschichten erzählen kann, und dabei muß jede Tragödie und jedes unglückliche Ereignis breitgetreten werden.

Keine dieser Verhaltensweisen ist an sich von welterschütternder Bedeutung, aber wenn wir es zulassen, daß sie uns dauernd verärgern und an uns nagen, können sie schließlich auch die beste und sicherste Beziehung zerstören. Alle diese Probleme lassen sich lösen, wenn die Betroffenen bereit sind, sie ehrlich zu betrachten, und sich bewußt darum bemühen, sich zu ändern. Beziehungen scheitern nicht, weil sie falsch sind, sondern weil die meisten Menschen nicht bereit sind, ihr Verhalten zu ändern. Sie wollen, daß sich alles nach ihren Vorstellungen richtet.

Bringe Spontaneität und Freude in jede Beziehung

Stelle dir vor, du betrittst ein Zimmer, und die Gesichter der Anwesenden leuchten auf vor Freude und Erwartung. Ein schöneres Kompliment kann man dir wohl kaum machen. Das erleben vor allem Menschen, die einen Hauch von Glücklichsein und Überraschung um sich verbreiten. Die meisten von uns müssen feststellen, daß wir in einer bestimmten Routine festgefahren sind, die uns Tag für Tag das gleiche Verhalten, die gleichen Reaktionen und die gleichen Erfahrungen abverlangt. Die Gabe, durch Zufall glückliche und überraschende Entdeckungen zu machen, ist uns abhanden gekommen, und wir selbst verschwinden im Schatten der Voraussagbarkeit. Viele von uns fühlen sich sicher in dem Glauben, daß wir dem bisher Gewohnten vertrauen können, daß das Voraussagbare Frieden bringt.

In Wirklichkeit gibt es keine größere Falle. Es ist das Ungewohnte, das Risiko, das Unvorhersehbare, das die Langeweile vertreibt und Beziehungen belebt. Nur das Nichtvorausgeplante und Unbekannte eröffnet uns ungezählte Möglichkeiten. Ein gutes Beispiel dafür sind bis in alle Einzelheiten vorausgeplante Reisen. Wir befinden uns auf der schönen Insel Capri in einer prächtigen Villa mit dem Blick auf das tiefblaue Mittelmeer. Der Pensionspreis ist nicht hoch. Die Besitzer sind freundlich, offen und herzlich. Das Essen ist ausgezeichnet. Aber der Reiseplan schreibt uns vor, daß wir morgen in Rom sein müssen. Wir haben schon die Eisenbahnfahrkarte, und die Hotelzimmer sind reserviert. Ach! Wenn wir uns allerdings entschließen, gefährlich zu leben und noch auf Capri zu bleiben, müssen wir natürlich etwas riskieren. Vielleicht werden wir in Rom kein Zimmer mehr bekommen, in den falschen Zug steigen und schließlich nicht in Rom, sondern in den Abruzzen landen. Doch was macht das schon? Vielleicht erleben wir hier die aufregendsten Dinge und die schönsten Vergnügungen! Ich erinnere mich an die verrückte Abenteuerlust der Jugend, als ich mit einer Netzkarte durch Europa reiste. Ich gehörte zu einer Gruppe junger Menschen, die irgendwo auf einem Bahnhof einfach den nächsten Zug abwarteten und ins Blaue weiterfuhren. Es war eine wunderbare Entdeckungsreise, und überall lernten wir etwas Neues! Der nächste Zug geht nach Madrid! Der nächste Zug nach Kopenhagen! Nach Chiasso, Istanbul, Salzburg, Oslo, London!

Natürlich ist es nicht immer möglich, sein Leben so dem Zufall zu überlassen. Die meisten von uns brauchen eine gewisse Ordnung, Voraussagbarkeit und Sicherheit, um zu überleben und geistig gesund zu bleiben. Aber ein Leben ohne Geheimnis und Risiko ist nur ein halbes Leben. Wer sich vorgaukelt, die Sicherheit läge in der Eintönigkeit, weiß nicht, was das Leben eigentlich bedeutet. Das wirkliche Leben ist voller Überraschungen. Auch wenn wir es nicht wahrhaben wollen, das Leben ist kurz, und der Tod trifft die meisten von uns unvorbereitet als letzte und endgültige Überraschung!

Versuche von Zeit zu Zeit, die Dinge einfach geschehen zu lassen. Die Welt hält viele Freuden für uns bereit, wenn wir ihr nur erlauben, uns ihre eigene Geschichte zu erzählen, ohne uns einzumischen.

Nimm Rücksicht auf andere

In einer echten Beziehung ist jeder Partner aufrichtig auf das Wohl des anderen bedacht. Das zeigt sich in dem aktiven Interesse, das wir mit Worten, Freundlichkeiten, Rücksichtnahme und Höflichkeit zum Ausdruck bringen. Allzuoft glauben wir, enge Beziehungen geben uns das Recht, uns rücksichtslos, gedankenlos oder sogar grob zu verhalten. Es ist traurig, daß wir oft mehr darauf bedacht sind, die Gefühle flüchtiger Bekannter zu schonen (sogar die unserer Haustiere) als die Gefühle der Menschen, die wir lieben. Ein «Danke» oder «Bitte», ein Wort der Anerkennung oder eine höfliche Frage zeigen, daß wir uns der Gegenwart des anderen bewußt sind und uns daran freuen.

Neulich mußte ich einige Zeit im Nachrichtenbüro einer New Yorker Fernsehstation warten. Die Schreibtische standen eng nebeneinander, die Telefone läuteten, und alle Angestellten waren eifrig mit ihrer Arbeit beschäftigt. Doch von menschlicher Wärme und Rücksichtnahme war nicht das geringste zu spüren. Einer der Männer war so sehr mit sich selbst beschäftigt, daß er seine Mitarbeiter gar nicht zu bemerken schien. Wenn er überhaupt mit ihnen sprach, dann nur in einem unverschämten und herausfordernden Ton: «Wo zum Teufel sind Sie gewesen?» «Tun Sie es jetzt!» Ich fragte mich, wie lange die anderen dieses unmögliche Betragen hinnehmen würden, ohne daß es zu einer heftigen Auseinandersetzung kam.

Allzu oft vergessen die Mitglieder einer Familie im täglichen Zusammensein, daß sie gegen Kränkungen nicht immun sind. Niemand läßt sich gern abkanzeln, beschuldigen, mit groben Worten herausfordern, beschämen oder gefühllos behandeln wie eine Sache. Eine Mutter hat mir einmal gesagt, sie habe im Lauf von 12 Jahren nicht ein einziges Mal das Wort «danke» von einem Familienmitglied gehört.

Meine Mutter hat uns immer wieder daran erinnert, daß sie als unsere Mama nicht auf der Welt sei, um von uns gekränkt oder als Sklavin behandelt zu werden. Wer einen anderen Menschen unhöflich und grob behandelt, verletzt seine Menschenwürde. Mama gab uns sehr deutlich zu verstehen, daß sie nicht bereit war, sich von uns entwürdigen und grob behandeln zu lassen. Wenn notwendig, unterstrich sie das mit einer Ohrfeige. Auch Mütter brauchen Liebe.

Wir sind empfindsam und leicht zu verletzen. Gedankenlose Taten und Worte können unsere Beziehungen zu anderen mit der Zeit so sehr belasten, daß es zur Trennung, zu unnötigen Schmerzen, Spannungen, Zorn und schweren Verstimmungen kommt.

Jeder von uns ist dafür verantwortlich, den Menschen, die wir lieben, das Gefühl der Wärme und Rücksichtnahme zu vermitteln. Ich habe immer versucht, nicht den Tag, an dem *mir* alles gelingt und gefällt, als besonders erfolgreich anzusehen, sondern einen Tag, an dem es mir gelungen ist, einem *anderen* durch meine Rücksichtnahme oder Anteilnahme das Leben ein wenig angenehmer und lebenswerter erscheinen zu lassen. Das ist ein gutes Rezept!

Wir müssen im Umgang miteinander die Würde des anderen achten. Wir sollen das nicht nur deshalb tun, weil wir es verdienen, sondern weil unser eigener Wert nur wachsen kann, wenn wir Rücksicht üben.

Behandele andere mit der gleichen Wärme und Rücksichtnahme, die du selbst brauchst, und beobachte, was geschieht.

Versuche nicht, andere zu beherrschen und zu ändern

Veränderung ist ein freiwilliger Prozeß. Niemand kann einen anderen ohne dessen Zustimmung ändern. Jede Beziehung, in der die Individualität und die Entscheidungsfreiheit des anderen nicht respektiert werden, ist zum Scheitern verurteilt. Wir kommen einander nur wirklich nahe, wenn wir die Rechte, Auffassungen und Gefühle unseres Partners ebenso respektieren wie unsere eigenen. Wir sollten uns die Worte von David Viscott zu Herzen nehmen:

In einer Partnerschaft hat jeder die gleichen individuellen Rechte wie zu der Zeit, als er noch gar nicht wußte, daß der andere Partner existiert. Rechte sind kein Handelsobjekt. Es gibt sie ganz einfach. Die Aufgabe jeder Partnerschaft ist es, die Rechte beider Seiten anzuerkennen und zu schützen.

Diese Art des Zusammenwirkens gibt es nur, wenn wir den anderen anerkennen und so akzeptieren, wie er ist, ohne ihm unsere Bedürfnisse und Erwartungen aufzuzwingen. Jeder Mensch hat das Recht auf seine eigene Weltanschauung. Eine liebevolle Beziehung zu unterhalten bedeutet, daß wir uns bemühen, unsere Anschauung dadurch zu teilen, daß wir die Distanz zum anderen verringern.

Und doch vergeuden viele von uns täglich ungezählte Stunden mit dem nutzlosen Versuch, andere nach eigenen Vorstellungen umzuformen. Wir kritisieren, beschuldigen, manipulieren auf die verschiedenste Art und Weise und unternehmen alles, um den anderen zu jemandem oder etwas werden zu lassen, den oder das wir zu brauchen glauben. Oft tun wir das im Namen der Liebe und sind überzeugt, wir wüßten genau, was für den anderen das Beste ist.

Wir betrachten das nicht als eine Verletzung oder Mißachtung seiner Persönlichkeit, obwohl die Einzigartigkeit des anderen durch unsere Manipulationen oft entwertet wird.

Wenn wir dauerhafte Beziehungen zu anderen Menschen aufnehmen wollen, dann müssen wir mit dem zufrieden sein, was sie sind. Wir beschwören Unheil herauf, wenn wir negativ eingestellte, rücksichtslose und sogar grausame Menschen zu unseren Freunden machen wollen, in der Annahme, sie würden sich unter «unserem Einfluß» ändern. So traurig das ist, aber es gelingt uns fast nie. Um sich zu ändern, muß der Betreffende bereit sein, uns entgegenzukommen. Das einzige, womit wir wirklich rechnen können, ist, daß wir unser Verhalten ändern können, um uns der Rücksichtslosigkeit und Grausamkeit solcher Menschen anzupassen.

Eine Frau aus meinem Freundeskreis war überzeugt, ihre Liebe sei stark genug, um ihren Mann, dem es schwerfiel, seine Gefühle zu zeigen, zu veranlassen, seine Liebe deutlicher zum Ausdruck zu bringen. Ihr Mann, der in einer sehr liebevollen, aber zurückhaltenden Familie aufgewachsen war, betrachtete Komplimente, Zärtlichkeiten und ähnliche demonstrative Liebesbeweise als feminin, und es war ihm peinlich, sich so zu verhalten. Nach 30jähriger Ehe hat meine Freundin noch heute das Gefühl, um die Liebe ihres Mannes betrogen zu sein. Sie macht ihm bittere Vorwürfe und nennt ihn einen «kalten Fisch». Er reagiert darauf mit der einfachen Feststellung, sie habe von Anfang an gewußt, was sie in einer Ehe mit ihm zu erwarten habe. Obwohl er sonst fast in jeder Hinsicht ein wunderbarer Mensch ist, fühlt sie sich betrogen und benachteiligt. Sie ist noch immer fest entschlossen, ihn zu ändern. Sie hält ihre Ehe für gescheitert, solange ihr das nicht gelungen ist.

Die meisten von uns wissen genau, welche Bedürfnisse die anderen haben. Oft verlangen sie recht wenig von uns. Wenn wir sie aufrichtig lieben, dann sind wir auch bereit, ihnen zuliebe einen Teil von uns selbst aufzugeben. Denn auch uns macht es Freude, ihre Bedürfnisse zu erfüllen und sie glücklich zu sehen. Das Entscheidende ist, daß wir unser Verhalten freiwillig ändern. Natürlich ist es möglich, andere zu manipulieren und zu zwingen, so zu werden, wie wir es wünschen. Um sie zu veranlassen, ihr Verhalten unseren Bedürfnissen anzupassen, können wir sogar gewisse verführerische Voraussetzungen schaffen. Aber das scheint mir Ausdruck der völligen Mißachtung des inneren Wertes der Person zu sein, die wir zu lieben vorgeben. Wenn unsere Partner in für uns entscheidender Weise unsere Erwartungen nicht erfüllen, ist es vielleicht besser, ihnen ihre Würde zu lassen und sie so zu akzeptieren, wie sie sind. Wir können uns zumindest anpassen und zusammenarbeiten, aber das erfordert echte menschliche Reife. Es wird uns nie gelingen, wenn wir glauben, immer im Recht zu sein, und nur dem anderen die Schuld zuschieben. Wir können anderen *helfen,* sich zu ändern, aber nur *sie* können sich tatsächlich ändern.

Wenn du unglücklich bist, suche die Schuld nicht bei anderen

Wir sind uneingeschränkt für uns selbst verantwortlich. Wir können keine Ursachen oder Gründe außerhalb von uns selbst suchen. Aber dennoch machen wir immer wieder außerhalb von uns liegende Kräfte für unsere Gefühle und Handlungen verantwortlich und fragen nur selten: «Warum entscheide ich mich, gerade so zu handeln oder zu reagieren?» Wir können nur wirklich glücklich und frei sein, wenn wir die volle Verantwortung dafür übernehmen, wer und was wir sind. Solange es uns genügt, anderen die Schuld zu geben, brauchen wir unser eigenes Verhalten nicht kritisch zu beurteilen und zu ändern. Wir machen unseren Eltern den Vorwurf, uns nicht genug geliebt, zu wenig beachtet und falsch erzogen zu haben. Wir behaupten, die Gesellschaft beraube uns unserer Freiheit. Unsere Vorwürfe richten sich gegen unsere Freunde, unsere Partner, unsere Lehrer und sogar gegen das Leben selbst. Solange wir die Verantwortung auf andere abwälzen können, halten wir es nicht für notwendig, unser Leben zu ändern. Schließlich sind wir die Opfer. Es gibt sogar Menschen, die Gott die Schuld geben, wenn sie im Leben keinen Erfolg haben und unglücklich sind. Ich habe Menschen sagen hören: «Ich werde es Gott nie verzeihen, daß er mir das angetan hat!» Was für Egozentriker! Diese Leute betrachten sich als hilflose Objekte, die hoffnungslos den Launen des Schicksals ausgeliefert sind, auf das sie keinen Einfluß nehmen können! Sie ruhen sich bequem auf ihrem Selbstmitleid aus und warten darauf, daß ein geliebter Mensch, die Familie oder Gott «alles in Ordnung bringen» werde. Leider verschwenden viele von ihnen ein ganzes wertvolles Leben mit Warten!

Beziehungen sind keine Müllhalden, auf denen wir unsere Selbstsucht, unseren Egoismus, unsere Verzweiflung und unseren Zorn abladen können. Wir wachsen nur, wenn wir die Verantwortung für unsere Freude und unser Glück selbst übernehmen. Sie können nicht außerhalb von uns entstehen. Dauerndes Glück und dauernder Friede kommen von innen. Wenn sie uns gehören, dann werden Menschen und Ereignisse kommen und gehen, aber die Freude bleibt für immer. Wenn das nicht so wäre, dann könnten wir die unvergängliche Freude kaufen. Genug Geld zu haben, um sich die Dinge zu leisten, die uns glücklich machen, oder um die schöpferischen Alternativen für das Glücklichsein zu vermehren, bedeutet schon sehr viel.

Es ist aber nicht alles. Während meiner ganzen Kindheit lebte meine Familie an der Grenze des Existenzminimums, und doch bin ich kaum jemals glücklicher gewesen. Wenn wir alle unseren alten, klapprigen Chevrolet bestiegen, wußten wir nie, ob der Wagen die Fahrt durchhalten würde. Aber wenn wir schließlich unser Ziel erreichten, wurde jedesmal ein Fest gefeiert. Wir haben viel gelacht. Immer gab es Gründe genug, fröhlich zu sein. Wir haben hart gearbeitet. Wir haben alles miteinander geteilt. Wir haben uns von Herzen geliebt.

Eine krebskranke Frau, die wußte, daß sie bald sterben würde, hat mir einen Brief geschrieben. Darin erzählte sie mir, ihre Familie habe sie angesichts dieser Umstände umsorgt wie nie zuvor. (Ist es nicht interessant, daß wir erst im Sterben liegen müssen, bevor andere anfangen, uns wie menschliche Wesen zu behandeln?) Da sie nun von ihren täglichen Verpflichtungen befreit war, hatte sie beschlossen, die ihr noch verbleibende Zeit dazu zu nützen, sich selbst kennenzulernen. Sie schrieb: «Ich habe angefangen, mich mit meinen Gedanken, mit den Dingen, die ich mag, und mit den Büchern, die ich lese, näher zu beschäftigen. Ich habe erkannt, daß diese Dinge mein innerstes Wesen widerspiegeln und mir etwas über mich selbst sagen können. Dabei habe ich eine faszinierende Persönlichkeit kennengelernt, *mich*. Nachdem mir klar geworden war, daß ich bald auf alles würde verzichten müssen, war die wichtigste Erkenntnis, daß mir eigentlich nichts anderes wirklich gehört als das, was ich bin.» Und dann fuhr sie fort: «Wie ich Ihnen schon gesagt habe, werde ich an Krebs sterben, aber ich bin noch nie so lebendig und so glücklich gewesen!» Ja, man kann sogar angesichts des Todes glücklich sein.

Wenn wir dem Glück statt der Verzweiflung den Vorzug geben, dann können wir es nicht nur in uns selbst erzeugen, sondern auch andere damit anstecken. In allen Beziehungen besteht ein großer Bedarf an Glück. Wenn wir unser Leben der Freude öffnen, können wir die Schmerzen und die Apathie neutralisieren, mit denen die meisten Menschen täglich zu kämpfen haben – und das ist keine Kleinigkeit.

In den Antworten auf meinen Fragebogen kommt sehr oft die Meinung zum Ausdruck, daß die engsten persönlichen Beziehungen durch Qualitäten gestärkt werden, die man normalerweise als Voraussetzung für gute, aber weniger enge Beziehungen ansieht, und zwar: Freundschaft. Manchem mag es seltsam erscheinen, daß man mit dem geliebten Menschen oder den Mitgliedern seiner Familie befreundet sein soll, aber in Wirklichkeit ist es eine sehr weise Erkenntnis; denn zur Freundschaft gehört das starke Verlangen, den anderen besser kennenzulernen, und das ist eine wichtige Voraussetzung für die Liebe. Es gehört eine gesunde Neugier dazu, die von uns selbst fortführt und zu dem anderen hinführt, und zwar ohne mit ihm in Konkurrenz treten zu wollen, ihn auszunutzen oder ihn zu manipulieren.

Es ist ein selbstloses Verlangen, andere so zu erleben, wie sie sind, und sich ihnen so weit zu nähern, daß sie uns freimütig sagen können, wer sie sind.

Es ist eigenartig, daß wir eher geneigt sind, Freunde und Bekannte so zu akzeptieren, wie sie sind, als die Menschen, die wir lieben. Je stärker unsere Liebe zu einem Menschen ist, desto größer wird anscheinend auch die Gefahr, daß wir ihn verletzen, mit anderen vergleichen und verurteilen. In unserem Übereifer, die geliebten Menschen vollkommen zu machen oder sie vor Schmerz zu bewahren, entwerten wir sie als menschliche Wesen. Wir bringen ihnen sicherlich nicht das gleiche Vertrauen, die gleiche Toleranz oder die gleiche Rücksichtnahme entgegen wie unseren Freunden. Aber gerade das ist notwendig, wenn wir einander lieben.

In ihrem Buch «If Love is the Answer, What is the Question?» (Wenn Liebe die Antwort ist, wie lautet die Frage?) sagt Uta West, sie glaube ... «daß das Vertrauen, die Toleranz und die Rücksichtnahme, die so charakteristisch für die Freundschaft im besten Sinne sind, alle engen menschlichen Beziehungen heilen und retten können. Ein guter Freund zu sein – für dich selbst, deine Mutter, dein Kind oder den Menschen, mit dem du das Bett teilst – bedeutet vor allem die Achtung vor der Integrität des Individuums.»

Ich habe vor einiger Zeit das Interview mit einem Ehepaar gesehen, dem es gelungen ist, sich in 60 Jahren die gegenseitige Liebe zu bewahren. Der Ehemann erklärte mit breitem Lächeln und einem Zwinkern in seinen jung gebliebenen Augen: «Sie war meine beste Freundin und meine Geliebte!» Gibt es ein schöneres Kompliment?

Freundschaft bedeutet die absolute Anerkennung des Wertes der Persönlichkeit. Sie sagt uns, daß die Menschen nicht nur existieren, um unsere Bedürfnisse zu befriedigen und unser Leben auszufüllen. Auch sie haben Bedürfnisse und sehnen sich nach einem erfüllten Leben. In diesem Sinne sind wir für uns selbst verantwortlich und gleichzeitig auch bereit, für die Entwicklung des anderen Verantwortung zu übernehmen. Es ist ein freiwilliges Geben und Nehmen, die gegenseitige Bereitschaft, das Leben des anderen dadurch zu bereichern, daß wir uns ihm öffnen und er für uns das gleiche tut.

In einer Freundschaft bestätigt jeder die Gegenwart des anderen und stärkt dessen Integrität. Wenn die Freundschaft sich vertieft, dann teilen wir darin auch unsere Schwächen und unsere Verletzlichkeit in einer Atmosphäre der Sicherheit. Wir lassen einander wissen, daß das Wachsen der Persönlichkeit eines jeden von uns für uns die größte Bedeutung hat. Wir zeigen durch unser Verhalten, daß wir einander achten und bewundern, daß wir es genießen, zusammen zu sein und unsere Erfahrungen miteinander zu teilen.

Der Leser wird sich vielleicht fragen, ob dies nicht auch die Definition einer tiefen Liebesbeziehung ist. Die Antwort lautet natürlich: «Ja, das ist sie.» Eine echte Freundschaft hat die gleiche Dynamik wie die Liebe. Vielleicht darf man für die Liebe hinzufügen, daß hier die Intimität stärker ist und die Gefühle tiefer sind. In der Liebe sind wir stärker beteiligt, leichter verwundbar, und wir tragen mehr Verantwortung. Wir verwenden *mehr* Zeit darauf, dem anderen geistig und körperlich nahe zu sein, und bemühen uns darum, ihm unser innerstes Selbst vorbehaltlos zu öffnen, soweit wir es kennen. Wir verwenden *mehr* Zeit darauf, unser Leben gegenseitig durch Teilen, Bestätigung und Bestärkung zu bereichern.

Wir lernen, daß wir erst dann ganz wir selbst werden, wenn wir uns im anderen verlieren.

Vergiß nicht die Bedeutung von Ritualen und Traditionen

Viele Völker und Kulturen auf dieser Welt blicken auf eine reiche Tradition zurück. Sie sind die besten Zeugen dafür, daß ihre Traditionen in erster Linie für ihren Zusammenhalt, ihr Identitätsbewußtsein, ihr Zusammengehörigkeitsgefühl und für ihre Fähigkeit verantwortlich sind, mit Würde und Gelassenheit der Zukunft entgegenzusehen.

Heute wird die Tradition gern als romantischer, ritualistischer Unsinn abgetan, der für die Gegenwart nur wenig oder gar keinen Wert hat. Wir begehen die kirchlichen Feiertage nicht mehr, verzichten auf das große Familienessen am Sonntag, auf Familientreffen an bestimmten Gedenktagen und auf die vielen Gelegenheiten, die früher dazu beigetragen haben, unseren Zusammenhalt zu stärken. Damit haben wir das Verständnis für die Bedeutung der Geschichte und der Vergangenheit verloren. «Erinnerst du dich noch an den Tag, als ...?» Ist das nicht Grund genug zum Feiern? Sollen wir nicht noch einmal die alten Lieder singen? Was sagt uns ein freundlicher Gruß auf einer alten Ansichtspostkarte? Was bedeutet uns die Geburtstagstorte oder der Kirchgang zur Silbernen oder Goldenen Hochzeit? Familien, die an Gedenktagen die Gräber ihrer Verwandten besuchen und damit dokumentieren, daß keiner von ihnen jemals vergessen sein wird, bringen zum Ausdruck, daß unvergessene Liebe die Menschen unsterblich macht.

In meiner Familie wurde alles gefeiert: die Geburtstage, die Feiertage, die Namenstage, glückliche und traurige Ereignisse und alles, was die Familienmitglieder einander näherbrachte. Meine Mutter führte einen Kalender, auf dem fast jeder Tag ein Tag zum Feiern war! Schließlich hat jeden Tag irgend jemand Geburtstag! An bestimmten Tagen gab es bei uns besondere Gerichte: Risotto am Sonntag, Polenta am Freitag. Auf dem Herd stand immer ein Suppentopf und verbreitete in der ganzen Wohnung appetitanregende Düfte, die sich jeweils nach den hinzugefügten Resten immer wieder änderten. So roch es an einem Tag nach Pasta, am nächsten nach Erbsen und Karotten und dann wieder nach Huhn oder Rindfleisch. Ob die

Suppe dick oder dünn war, richtete sich nach Papas Wochenverdienst, Mamas Einkäufen und der Menge der bei den Mahlzeiten übriggebliebenen Reste. Ein Teller warme Suppe stand uns immer zur Verfügung, und der Geschmack liegt mir noch heute auf der Zunge!

Gab es ein großartigeres Ritual als die *bagna calda*? Wir versammelten uns um einen Topf mit heißem Olivenöl, in dem Knoblauch, Küchenkräuter und Sardinen schwammen, und tauchten frisches Gemüse hinein. Die köstlichen Tropfen fingen wir mit knusprigem italienischem Brot auf, wir lachten und schwatzten und stopften uns die Münder voll.

Ein *Ritual* ist definiert als eine nach festen Formen ablaufende Zeremonie. Eine *Tradition* ist definiert als die Überlieferung von Informationen, Glaubensinhalten und Bräuchen, die mündlich oder im praktischen Leben von Generation zu Generation weitergegeben werden. Das sind Dinge, die uns binden und verbinden, und es sind wertvolle Bindungen, die der Gestaltung der Zukunft einen Sinn geben. In einer Welt der Unsicherheit geben sie den Generationen, die sie übernehmen, das Gefühl der Sicherheit. Sie verleihen dem, was uns andernfalls sinnlos erscheinen könnte, eine leicht verständliche Bedeutung.

Laß den anderen an deinen Hoffnungen
und Träumen teilnehmen

Träume lassen uns den Alltag vergessen. Sie zeigen uns neue Möglichkeiten für die Zukunft. Gemeinsam zu träumen bereichert unsere Beziehungen durch das Element des Wunderbaren und gibt uns die Gelegenheit, uns auf etwas zu freuen. Wir träumen von künftigen Erfolgen, von den Kindern, die wir uns wünschen, von der Anerkennung, die wir brauchen, von den Reisen, die wir planen, oder von der finanziellen Sicherheit, auf die wir hoffen. Wir träumen vom Frieden, vom Vergnügen, von der Freude. Wir müssen uns allerdings in acht nehmen, damit wir nicht unseren Lebensmut verlieren, wenn sich unsere Träume nicht verwirklichen lassen. Solange die Reise nach Hawaii, in die Schweiz, nach Bangkok oder Tokio verschoben werden kann, ohne daß wir zu sehr darunter leiden, kann das Festhalten daran den Plan eines Tages zur Wirklichkeit werden lassen. Auch das Pläneschmieden macht Freude, selbst wenn der Traum nicht in Erfüllung geht.

Seit meiner Kindheit habe ich zum Beispiel davon geträumt, eines Tages den kristallklaren Ton einer Tempelglocke in einem nepalesischen Bergkloster zu hören. Immer wieder ließ ich mich von mystischen Vorstellungen gefangennehmen, die mich in ein fernes Shangri-la versetzten. Viele glaubten, für einen Jungen aus East Los Angeles sei das ein unerfüllbarer Wunschtraum. Und doch wußte ich irgendwie, daß er eines Tages in Erfüllung gehen würde. Ich mußte mich nur darauf konzentrieren und fest daran glauben. Es dauerte viele Jahre, bis die Zeit reif war, aber der Ton der Glocke hatte durch diese lange Zeit des Wartens nichts von seiner Klarheit und seinem Zauber verloren.

Wir alle haben Hoffnungen. Manchmal glauben wir nicht daran, daß sie sich verwirklichen lassen, und behalten sie für uns. Wir sind überzeugt, daß die Menschen uns auslachen oder für verrückt erklären, wenn wir ihnen etwas davon sagen. Wie überrascht sind wir dann, wenn wir mit anderen über unsere Träume sprechen und sie uns bereitwillig erzählen, daß auch sie sich solche Luftschlösser gebaut haben. Träume gehören in den Intimbereich des Menschen, und es ist etwas ganz Besonderes, wenn wir unsere geheimsten Wünsche mit denen teilen, die wir lieben. Auch so geben wir dem anderen eine Möglichkeit, uns besser kennenzulernen.

Du wirst Mut brauchen

Charakterschwäche verhindert das Entstehen fruchtbarer zwischenmenschlicher Beziehungen. Ängstlichkeit, Unsicherheit und der Mangel an Risikobereitschaft hindern uns daran, einander nahezukommen. Beziehungen verlangen von uns, daß wir mutig sind, uns durchsetzen können und uns für den anderen einsetzen. Wo Menschen miteinander zu tun haben, sind Probleme unvermeidlich. Es gibt keine vollkommene Beziehung, die absolut sicher, glücklich und bindend ist. Das widerspricht dem Wesen einer Beziehung. Wie können wir erwarten, daß andere ständig mit uns zusammensein wollen? Wie können wir erwarten, einen Menschen zu finden, den immer die gleichen Dinge glücklich machen wie uns, der die gleichen Menschen mag, der alle Interessen mit uns teilt oder jederzeit dasselbe tun will wie wir? Das müßte ein Roboter sein, und niemand möchte mit einem Automaten zusammenleben. Da zu einer Beziehung mindestens zwei Menschen gehören, muß es immer Unterschiede geben. Wenn wir eine Beziehung anknüpfen, müssen wir auf perfekte Lösungen verzichten. Meinungsverschiedenheiten und Enttäuschungen sind unvermeidlich. Manche lassen sich lösen. In anderen Fällen wird sich nicht sofort eine Lösung ergeben, aber mit der Zeit werden wir sie überwinden. Es kann aber auch zu unüberwindlichen Schwierigkeiten kommen. «Das Problem ist nicht, daß es Probleme gibt», sagt Dr. Theodore Rubin in seinem Buch «One to One» (Eins zu eins), «das Problem liegt darin, etwas anderes zu erwarten und zu glauben, Probleme zu haben sei problematisch.»

Wir brauchen Mut, um dem zu begegnen, was auf uns zukommt, und um zu wissen, *daß es nicht ewig dauern wird,* was es auch sein mag. Nichts dauert ewig: kein Schmerz, keine Freude, nicht einmal das Leben. Wir müssen uns damit abfinden, daß nur dann etwas *genauso* durchgeführt wird, wie wir es wollen, wenn wir es selbst tun. Wenn wir es daher anderen überlassen, dann muß das Ergebnis sich irgendwie von dem unterscheiden, was wir beabsichtigt haben, und wir müssen lernen, das zu akzeptieren. Wenn wir stark genug sind, die ganze Verantwortung für unser Versagen und für unsere Erfolge zu übernehmen, dann wird unsere Selbstachtung zunehmen und wachsen. Wenn wir uns anderen anschließen, um gemeinsam stärker zu sein, dann müssen wir den Mut zur Koexistenz entwickeln.

«Das Wichtige ist, in jedem Augenblick fähig zu sein, das, was wir sind, für das zu opfern, was wir werden können.»

Charles Dubois

Es liegt an uns, unseren Beziehungen eine Chance zu geben. Es gibt nichts Größeres im Leben, als einen anderen Menschen zu lieben und von ihm wiedergeliebt zu werden; denn die Liebe ist die größte Erfahrung.

Einander lieben

aber nicht beherrschen

Alles Lebendige lebt nicht allein, nicht für sich selbst.

WILLIAM BLAKE

Die Voraussetzung für das Überleben des Menschen sind gesunde zwischenmenschliche Beziehungen. Der komplexe, fortlaufende Prozeß – durch alle Lebensphasen hindurch –, harmonisch aufeinander zu wirken, ist die höchste und anspruchsvollste Form menschlichen Verhaltens.

David Viscott sagt uns:

Zwischenmenschliche Beziehungen sterben selten, weil das Leben plötzlich aus ihnen gewichen ist. Sie welken langsam, entweder weil die Menschen nicht begreifen, wieviel oder welche Art von Fürsorge, Zeit, Mühe, Liebe und Interesse sie erfordern, oder weil die Menschen zu träge sind oder nicht den Versuch wagen, die Beziehung fortzusetzen. Eine zwischenmenschliche Beziehung ist etwas Lebendiges. Sie bedarf der gleichen Sorgfalt bei der Behandlung des Details wie das Kunstwerk, das der Künstler liebevoll erschafft.

Um wirklich zu verstehen, was eine Beziehung zu anderen bedeutet, müssen wir Wissenschaftler und Künstler sein. Als Wissenschaftler müssen wir feststellen, aus welchen Faktoren und Eigenschaften eine Beziehung besteht (wie ich das in den vorigen Kapiteln getan habe). Dann müssen wir jeden Teil unabhängig von den anderen analysieren und untersuchen und uns fragen, in welcher Beziehung diese Teile zueinander stehen. Als Künstler müssen wir jede unserer Beziehungen zu anderen als schöpferische Herausforderung betrachten, die unsere ganze Begeisterung und unsere ganze Risikobereitschaft fordert. Als Wissenschaftler und Künstler werden wir uns um eine gründliche Selbstanalyse bemühen müssen (denn wir können andere nur so weit kennen und verstehen, wie wir uns selbst kennen und verstehen). Zugleich müssen wir bis an die äußersten Grenzen unserer Begabungen und unserer Aktivität gehen. Dazu brauchen wir sehr viel Mut, Ausdauer, Willenskraft und Anstrengung. Wir brauchen den Mut, flexibel zu bleiben und den Glauben an uns und den anderen nicht zu verlieren; wir brauchen die Kraft, der Realität unseres Alleinseins ins Auge zu sehen; wir brauchen die Ausdauer, Fehlschläge und Enttäuschungen hinzunehmen, wenn wir ohne jegliche Garantie immer wieder etwas versuchen; wir müssen uns bemühen, die Fähigkeiten zu entwickeln, die wir für unsere Beziehungen zu anderen brauchen, denn sie sind ein sich stets wandelnder und anspruchsvoller Prozeß.

Obwohl unsere Beziehungen vom Instinkt bestimmt zu werden scheinen, hat die Erfahrung gezeigt, daß wir uns auf unseren Instinkt nicht immer verlassen können. Es wäre sehr viel einfacher, wenn wir das tun könnten und es nicht eine so schwere und verantwortungsvolle Aufgabe wäre, Beziehungen zu schaffen und lebendig zu halten. Wir müssen uns mit der Tatsache abfinden, daß wir zwar in früher Kindheit instinktiv den Kontakt mit anderen gesucht haben, von denen wir abhängig waren; aber über diese fundamentalen biologischen Antriebe hinaus sind wir von Natur aus kaum befähigt, diese Beziehungen während unseres weiteren Wachstums auszubauen und aufrechtzuerhalten. Bei den Beziehungen zwischen Erwachsenen spielt der Instinkt nur eine untergeordnete Rolle. Während wir heranreifen, werden wir uns immer deutlicher der Belastung bewußt, die uns das Alleinsein aufbürdet. Wir sehnen uns nach den Freuden, die wir gewinnen, wenn wir auf andere zugehen, aber ohne wachsende Erkenntnis fehlen uns die Fähigkeiten, einander in Liebe näherzukommen. Wir machen deshalb viele schmerzliche Erfahrungen, die uns tiefe, schwer heilende Wunden zufügen, uns aber wenig neue Erkenntnisse bringen, uns abstumpfen, uns vorsichtiger und mißtrauischer machen.

Mancher möchte die Liebe zum entscheidenden Faktor bei den Beziehungen machen, die er zu anderen Menschen aufnimmt. Wer aber nur eine vage und romantische Vorstellung von der Liebe hat, der wird glauben, die Liebe könne alles leisten. Wir möchten gerne glauben, daß die Liebe alle zwischenmenschlichen Probleme löst, alle Unterschiede aufhebt, Angst und Zorn vertreibt, alle Konflikte löst, uns mit Kraft und Wärme umgibt und uns die ewige Glückseligkeit bringt. Ebenso wie wir nicht darauf warten dürfen, daß allein der Instinkt uns leiten werde, bringt auch diese Haltung keine befriedigende Lösung. In der Praxis hat es sich vielmehr als sehr problematisch – und nicht als hilfreich – erwiesen, sich allein der Liebe anzuvertrauen. Die meisten Menschen sind in der Liebe schon enttäuscht worden, und deshalb sind wir ihr gegenüber mißtrauisch geworden. Nur zu oft sind wir auf andere mit einem Gefühl zugegangen, das wir für Liebe hielten, um zu unserem Entsetzen feststellen zu müssen, wie leicht wir dabei an Tyrannen geraten und Schmerzen erleiden können. Sogar dort, wo die Liebe vollkommen ist, löst sie nicht alle Probleme, die in der Gemeinschaft mit dem anderen entstehen.

Noch komplizierter wird die Sache dadurch, daß die meisten von uns dazu erzogen worden sind zu glauben, unsere Stärke läge in unserer Unabhängigkeit. Die Gesellschaft sagt uns, jeder müsse seinen eigenen Weg gehen. Wir haben uns davon überzeugen lassen, daß wir erst dann wirklich reif und erwachsen sind, wenn wir uns von anderen unabhängig gemacht haben. Wir betrachten *Bedürfnis* als Unreife und *Abhängigkeit* als Schwäche. Wir fürchten uns vor Verpflichtungen, weil wir glauben, damit unsere Individualität und unsere so begehrte Freiheit zu verlieren. Mit solchen Gefühlen errichten wir Barrieren, die uns daran hindern, anderen offen und aufrichtig zu begegnen und mit ihnen den engen Kontakt aufzunehmen, den wir so verzweifelt suchen. Das ist allerdings ein seltsames Paradox. Während wir einerseits nach Freiheit, Befreiung und Unabhängigkeit verlangen und andererseits das dringende Bedürfnis nach Gemeinschaft spüren, bemühen wir uns darum, uns in Liebe zu verbinden. Solche einander widersprechenden Überzeugungen und Bedürfnisse schaffen neue komplexe Probleme, so daß wir schließlich enttäuscht, leer und entmutigt zurückbleiben.

Es ist richtig, daß wir im Grunde allein sind. Diese Erkenntnis hat auf viele von uns eine niederschmetternde Wirkung. Aber es ist eine Tatsache. Wir kommen allein auf die Welt und werden, gleichgültig, wie viele Menschen uns lieben, allein sterben müssen. In der dazwischen liegenden Zeit müssen wir allein wachsen, allein persönliche Entscheidungen treffen und allein bestimmen, in welcher Richtung wir uns ändern oder weiterentwickeln wollen. Die meisten von uns spüren dieses aufsteigende Gefühl des Alleinseins das ganze Leben hindurch.

In ihrem Buch «Pairing: Partnerschaft in der intimsten und zugleich offensten Beziehung zweier Menschen» schildern Bach und Deutsch diesen Zustand treffend, wenn sie sagen:

Millionen von Männern und Frauen sehnen sich nach der Intimität der Liebe und können sie nicht finden ...

Tag und Nacht beschleichen sie sich, Jäger und Gejagte zugleich. Sie suchen ihre Beute in den Bars, Clubs und Hotels, auf Kreuzfahrten und Wochenendausflügen ... Elegant gekleidet, geschminkt und parfümiert, wie es das Ritual erfordert, gehen die Mutigen unter ihnen aufeinander zu, während die Stillen beobachten, träumen und warten. Und mit wenigen Ausnahmen geht jeder wieder nach Hause – wenn nicht mit leeren Händen, dann doch mit leerem Herzen ... Andere sind ständig von Leuten umgeben, ja sogar umlagert, oder haben vielleicht einen wichtigen Menschen gefunden, den sie regelmäßig treffen, mit dem sie zusammenleben oder schlafen; und doch haben die meisten von ihnen das Gefühl, innerlich isoliert zu sein ... Sie fragen sich, warum sie sich allein fühlen. Warum bedrängt sie immer noch diese alte Ruhelosigkeit?

Liebe und die Verbindung zu einem anderen machen das Wissen um das Alleinsein erträglicher. Das neugeborene Kind empfindet die Nachwirkungen des Geburtstraumas weniger schmerzlich, wenn es von der Mutter in die Arme genommen wird, und später im Leben können wir unsere Schmerzen besser ertragen, wenn uns die warme Hand eines mitfühlenden Menschen berührt. Wenn wir uns vertrauensvoll einem anderen Menschen öffnen, verringert sich das Gefühl der Isolation.

Wir müssen also schließlich selbst die Verantwortung dafür übernehmen, ob es uns gelingt, mit unserem Alleinsein fertig zu werden und anderen in Liebe zu begegnen. Dabei können wir uns nicht auf unseren Instinkt, ja nicht einmal auf unsere tiefe Liebe verlassen. Unsere einzige Hoffnung liegt in einer genauen Untersuchung unserer

Beziehungen. Wir müssen versuchen, deutlicher zu erkennen, wer wir sind, wer der andere ist und welche Dynamik uns mit unserem Partner verbindet.

Unser Leben ist ein komplexes Netz aus Beziehungen, mit dem unsere Motivationen, unsere Wünsche und Vorstellungen, unsere Bedürfnisse und Träume eng verwoben sind. Eine gründliche Untersuchung unserer Beziehungsmuster wird es uns sehr erleichtern, uns selbst als Individuen zu erkennen und zu definieren. Beim Zusammenleben mit unseren Eltern und Geschwistern in der frühen Kindheit hatten wir keine Wahl. Wir waren von ihnen abhängig, weil der Mensch länger als jedes andere Lebewesen auf intensive Fürsorge und Pflege angewiesen ist. Das Leben des Menschen dauert aber auch länger als das der meisten anderen Geschöpfe. Im Lauf der Jahre stellen wir dann fest, daß wir uns den verschiedensten Arten von Beziehungen anpassen müssen, um neuen komplexen physischen, sozialen und emotionalen Bedürfnissen im Hinblick auf Bildung, Gemeinschaft, Sexualität, Sicherheit, Status und geistiges Wachstum gerecht zu werden.

Wenn wir also unser Leben in Liebe mit einem anderen teilen wollen, müssen wir auf gewisse destruktive Neigungen und Bedürfnisse verzichten.

Das sind zum Beispiel:

Der Anspruch, immer im Recht zu sein.

Der Anspruch, in allem der erste zu sein.

Der Anspruch, immer über alles Kontrolle zu haben.

Der Anspruch, perfekt zu sein.

Der Anspruch, von allen geliebt zu werden.

Der Besitzanspruch.

Die Erwartung, ohne Konflikte und Enttäuschungen auskommen zu können.

Das Bedürfnis, andere nach den eigenen Vorstellungen zu ändern.

Das Bedürfnis, andere zu manipulieren.

Das Bedürfnis, andere zu beschuldigen.

Das Bedürfnis, andere zu beherrschen.

Es darf uns nicht überraschen, daß auch die gesündesten Menschen im Umgang mit anderen Probleme haben. Wenn zwei oder mehr Einzelpersonen aufeinander zugehen, auch wenn das freiwillig und liebevoll geschieht, werden die Umstände, die sie zueinander führen und sie zusammenhalten, ungeheuer komplex sein. Das Gleichgewicht und die Sicherheit jedes einzelnen werden erschüttert. Neue Verhaltensweisen und Veränderungen werden notwendig sein. Wie wir auf diese Anforderungen reagieren, wird von unseren bisherigen Erfahrungen, von unserer Anpassungsfähigkeit und von unseren Bedürfnissen abhängen.

Es gibt verschiedene Möglichkeiten, diesen Problemen zu begegnen:

Wir können bestreiten, daß sie existieren.

Wir können ihre Existenz anerkennen, aber es vermeiden, uns mit ihnen auseinanderzusetzen.

Wir können uns innerlich gegen diese Probleme abschirmen und mit ihnen leben.

Wir können sie als unlösbar ansehen und die Beziehung beenden.

Oder:

Wir können sie als Herausforderung annehmen, die uns selbst fördern kann, und dabei erkennen, daß unsere Fähigkeit, einander zu lieben, mit der Zeit um so mehr zunehmen wird, je besser wir es gelernt haben, die Probleme zu lösen, die sich uns im Umgang mit anderen stellen.

Ich hoffe, die meisten von uns werden sich für letzteres entscheiden.

Literaturverzeichnis

In gewissem Sinne werden wir selbst ein Teil von alledem, was wir wahrnehmen. Die Menschen, die Umwelt und unsere Erfahrungen werden so sehr Teil von uns, daß wir nicht erkennen, welche besondere Funktion sie in unserem Denken und Handeln ausüben.

Neben vielen anderen Erfahrungen haben die folgenden Bücher in den letzten Jahren meine Art, die Welt zu sehen und in ihr zu handeln, verändert. Ich lege sie hier denen vor, die den Wunsch haben, gemeinsam mit mir ihr Verständnis und ihre Liebe wachsen zu lassen. Den Autoren danke ich aufrichtig für die Erlaubnis, aus ihren Werken zu zitieren.

Albee, Edward, *Der amerikanische Traum*, Frankfurt a. M. 1962.
Eine Pseudokomödie, die sich mit den gekünstelten Wertvorstellungen und Verhaltensweisen in unserer Gesellschaft beschäftigt.

Augsburger, David, *Caring Enough to Forgive: True Forgiveness/ Caring Enough to Not Forgive: False Forgiveness*, Ventura, Kalifornien 1981.
Ein beachtenswertes, kluges und sehr zu empfehlendes Werk über das Verzeihen. Es behandelt in eindrucksvoller Weise Probleme des Unrecht-Tuns, der Selbstbestätigung, des Überwindens von Kränkungen, der Reue und menschlicher Begegnungen in Frieden und Liebe.

Augsburger, David, *The Freedom of Forgiveness*, Chicago 1973.
Ebenso wie das andere Buch von David Augsburger ist dieses eine der besten Arbeiten über die Dynamik und die Kunst des Vergebens, die ich kenne.

Bach, George und Deutsch, Ronald, *Pairing: Partnerschaft in der intimsten und zugleich offensten Beziehung zweier Menschen*, Köln 1975.
Eine ausgezeichnete Arbeit über die subtile Kunst, anderen zu begegnen.

Beecher, Marguerite und Willard, *The Mark of Cain*, New York 1971.
Ein kluges und wichtiges Buch über die Eifersucht, ihre Bedeutung und ihre Auswirkungen.

Berne, Eric, *Spiele der Erwachsenen*, Hamburg 1970.
Das Meisterwerk über die Transaktionsanalyse (transpersonale Psychologie). Eine aufschlußreiche Darstellung der Spiele der Erwachsenen, die zugleich erläutert, warum und wie solche Spiele gespielt werden.

Bernstein, Leonard, *Candide*, New York 1976.
Eine Komische Oper nach der Satire von Voltaire. In kreativer und faszinierender Weise behandelt dieses Werk menschliche Torheit, Anpassungsfähigkeit, Überlebensfähigkeit, zwischenmenschliche Beziehungen und Liebe. Eine Köstlichkeit!

Bloomfield, Harold und Felder, Leonard, *Making Peace With Your Parents*, New York 1983.
Ein sehr lesenswertes Buch über die Wiederherstellung der Beziehungen zu denen, die wir lieben.

Branden, Nathaniel, *Verliebt fürs ganze Leben*, Hamburg 1982.
Ein vielgepriesenes, anerkanntes Werk zu der komplexen Frage, warum und wie wir uns «verlieben», das manche Anregungen enthält, die es dem Leser erleichtern sollen, glückliche Liebesbeziehungen zu unterhalten.

Bresler, David und Trubo, Richard, *Free Yourself From Pain*, New York 1979.
Ein interessantes Buch von einem Fachmann zu dem Thema Streß und Schmerzen, das Anweisungen zur Selbstheilung enthält.

Bristol, Goldie und McGinnis, Carol, *When It's Hard To Forgive*, Wheaton 1982.
Die dramatische Geschichte zweier Menschen, die unter einem schweren Verlust leiden und die ihre Erlösung im Verzeihen finden.

Buber, Martin, *Ich und Du*, Heidelberg 1958.
Ein recht schwieriges Buch, das sich mit der Bedeutung der Kommunikation in der Liebe beschäftigt und wertvolle Gedanken zu einem Leben enthält, das von Spiritualität und Liebe getragen wird.

Clanton, Gordon und Smith, Lynn G., *Jealousy*, Englewood Cliffs 1977.
Eine lohnende Lektüre für jeden, der sich dafür interessiert, was Eifersucht ist und was sie verursacht, welche guten oder schlechten Auswirkungen Eifersucht haben kann und wie man ihr begegnet.

Colton, Helen, *The Gift of Touch: How Physical Contact Improves Communication, Pleasure and Health*, New York 1983.
Helen Colton ist eine Expertin – sie erforscht die Bedeutung von Körperkontakt für das Herstellen guter zwischenmenschlicher Beziehungen.

Cousins, Norman, *Human Options*, New York 1981.
Eine Auswahl der Aufsätze des Verfassers für die *Saturday Review* über Erziehung, Überleben, Lernprozesse, Kreativität, Heilungskräfte und Freiheit.

Dunn, David, *Try Giving Yourself Away*, Englewood Cliffs 1970.
Praktische Anweisung für das verstärkte und erfüllendere Teilen mit anderen, das der Weiterentwicklung aller Beteiligten dienen soll.

Faulkner, William, *Essays, Speeches and Public Lectures*, New York 1965.
Nachschlagewerk.

Fromme, Allan, *Muster der Liebe*, Frankfurt a. M. 1966.
Ein interessantes Buch über die Ausdrucksformen menschlicher Liebe – wie sie entsteht und sich im täglichen Leben manifestiert.

Gould, Roger, *Lebensstufen: Entwicklung und Veränderung im Erwachsenenleben*, Frankfurt a. M. 1979.
Ein ausgezeichnetes Buch, das die Entwicklungsstufen von der

Geburt, Kindheit, Ehe, der schöpferischen Reife bis zum Tod behandelt. Es betont den Wert des Trauerns und des Unbehagens, die uns befallen, wenn wir die Kindheit hinter uns lassen und heranreifen.

Humphrey, Nicholas, The Bronowski Memorial Lectures, «Four Minutes to Midnight», in: *The Listener*, London, 29. Oktober 1981.
Nachschlagewerk.

Hyers, Conrad, *Zen and the Comic Spirit*, Philadelphia 1973.
Eines der wenigen ausgezeichneten Bücher über Freude, Lachen und Humor.

Jampolsky, Gerald, *Lieben heißt die Angst verlieren*, Hamburg 1981.
Ein kleines Buch, in dem der Inhalt der Vorträge des Verfassers über Wunder zusammengefaßt ist. Es hilft uns zu verstehen, daß Angst uns daran hindert, andere zu lieben. Das Buch zeigt Möglichkeiten, sich von der Angst zu befreien und damit Raum für die Liebe zu schaffen.

Liebman, Joshua Loth, *Hope for Man*, New York 1966.
Ein sehr optimistisches Werk über das Leben und seine Herausforderungen. Es befaßt sich mit der Liebe, dem Mut, dem Glück und dem Reifen in innerer Sicherheit.

Lindbergh, Anne Morrow, *Muscheln in meiner Hand*, München 1971.
Ein klassisches Werk über die Befreiung unseres Geistes, die am Beispiel der Erfahrungen der Verfasserin mit dem Meer erläutert wird, das sie als großes Symbol versteht.

Lyon, Harold, *Tenderness is Strength*, New York 1977.
Ein vorzügliches Buch mit vielen wertvollen Einsichten über die Liebe, das Risiko und das innere Wachsen. Gut lesbar, erfreulich und hilfreich.

May, Rollo, *Love and Will*, New York 1969.
Ein Standardwerk über die Dynamik der menschlichen Liebe.

Mead, Margaret, *Kindheit und Jugend in Samoa*, München 1971.
Eine allgemeine Untersuchung an den Wurzeln der Kultur und des menschlichen Verhaltens. Das Buch ist in letzter Zeit von Anthropologen kritisiert worden, bleibt aber dennoch wertvoll.

Merton, Thomas, *Love and Living*, New York 1980.
Eines der interessantesten Bücher von Merton, das zehn Jahre nach seinem Tod erschienen ist. Er setzt sich mit wichtigen Themen auseinander wie dem Erlernen des Lebens, der Bewußtwerdung, dem Wert der Einsamkeit und dem Verständnis des Todes, christlicher Humanität und Liebe.

Mindess, Harvey, *Laughter and Liberation*, Los Angeles 1971.
Eine glänzende Untersuchung der befreienden Wirkung des Humors und des Lachens.

Montagu, Ashley und Matson, Floyd, *The Human Connection*, New York 1979.
Ein Standardwerk über die menschliche Kommunikation. Es untersucht eingehend, wie wir einander begegnen, miteinander in Berührung kommen und aufeinander reagieren. Das Buch bietet uns viele Einsichten zum Thema Liebe und Lieben – der «höchsten Form menschlicher Verbindung».

Montagu, Ashley, *Körperkontakt: die Bedeutung der Hand für die menschliche Entwicklung*, Stuttgart 1982.
Eine der wichtigsten Arbeiten über den körperlichen Kontakt. Hier erläutert der Anthropologe und Humanist Montagu das Sich-Berühren als eine Grundvoraussetzung für die Weiterentwicklung und das Überleben.

Moody, Raymond, *Lachen und Leiden. Über die heilende Kraft des Humors*, Hamburg 1979.
Eines der wenigen Bücher über die Heilkraft des Humors. Es untersucht die Beziehung zwischen Humor, Gesundheit und Krankheit. Der Arzt Dr. Moody kritisiert seinen Berufsstand, der es versäumt, den Heilungsprozeß durch die göttliche Gabe des Lachens und des Humors zu fördern.

Morris, Desmond, *Liebe geht durch die Haut: die Naturgeschichte des Intimverhaltens*, München 1972.
Ein hervorragendes Buch, sehr empfehlenswert und gut lesbar. Morris behandelt die verschiedenen Facetten der Intimität und schildert, wie sie im menschlichen Verhalten zum Ausdruck kommen.

Moustakas, Clark, *Creative Life*, New York 1977.
Ein wunderschön geschriebenes Buch über die Freude eines kreativen, ganz ausgeschöpften Lebens.

Piaget, Jean, *Urteil und Denkprozeß des Kindes*, Berlin 1981.
Nachschlagewerk.

Rogers, Carl, *Partnerschule: Zusammenleben will gelernt sein; das offene Gespräch mit Paaren und Ehepaaren*, München 1975.
Ein sehr lesenswertes, ausgezeichnetes Buch von einem unserer humansten Psychologen. Es beschäftigt sich eingehend und verständnisvoll mit der modernen Ehe und ihren Alternativen.

Roosevelt, Eleanor, *You Learn By Living*, Philadelphia 1983.
Ein sehr menschliches, kluges und wertvolles Buch über das Leben und die Liebe von einer sehr einfühlsamen Frau.

Rubin, Theodore Isaac, *Compassion and Self Hate*, New York 1975.
Ein sehr kluges Buch von einem verständnisvollen Psychiater, der uns auffordert, unsere Träume von der Vollkommenheit und unser herabsetzendes Verhalten aufzugeben, durch das wir selbst zu unserem schlimmsten Feind werden.

Rubin, Theodore Isaac, *Leben – hier und jetzt!: Selbsthilfeprogramm gegen die Zivilisationskrankheiten der Psyche*, Tübingen 1982.
Der Psychiater Rubin schreibt über den selbstzerstörerischen Lebensstil, den manche von uns angenommen haben, und empfiehlt statt dessen ein «gelassenes Lebendigsein». Er behandelt die Frage, wann zwischenmenschliche Beziehungen bewahrt und wann sie aufgelöst werden sollen. Er gibt Empfehlungen für Verhaltensweisen, die uns inneren Frieden schenken können.

Rubin, Theodore Isaac, *One to One,* New York 1983.
Ein sehr gutes Buch über die subtile Kunst, zwischenmenschliche Beziehungen zu pflegen und mit ihnen zu wachsen.

Schoenfeld, Eugene, *Jealousy, Taming the Green-Eyed Monster,* New York 1979.
Eine verständnisvolle Untersuchung der Eifersucht von der Kindheit bis zur Reife – wie sie programmiert wird und welche Wirkungen sie auf den einzelnen ausübt. Der Verfasser empfiehlt Methoden, vorübergehende und dauernde Eifersucht zu bekämpfen.

Swanson, Donna, *Mind Song,* Nashville 1978.
Eine Sammlung bedeutsamer Gedichte über das Leben und die Liebe.

Viscott, David, *How to Live with Another Person,* New York 1974.
Eine der besten praktischen Anweisungen für das Zusammenleben mit einem anderen Menschen in Frieden und Liebe.

Viscott, David, *Risking,* New York 1977.
Eine sachliche Auseinandersetzung mit dem Problem des Risikos. Der Psychiater Viscott hilft dem Leser, furchtlos Risiken einzugehen. Er erläutert, wie wir dem Unbekannten mit einem Gefühl von Abenteuer statt mit Sorge begegnen können.

Watson, Lillian, *Light From Many Lamps,* New York 1951.
Eine Sammlung inspirierender Aufsätze von einer bedeutenden Persönlichkeit und Philosophin.

West, Uta, *If Love is the Answer, What is the Question?,* New York 1977.
Ein leicht lesbares, kluges, aber nicht oberflächliches Buch über die Liebe.

Wolk, Robert L. und Henley, Arthur, *Schwindeln Sie auch? Psychologie der guten Ausrede,* Bergisch Gladbach 1971.
Eine interessante, anregende Überlegung zur Lüge.

Wyse, Lois, *Lovetalk*, Garden City 1973.

Der Untertitel der amerikanischen Ausgabe lautet: «Wie sagt man einem geliebten Menschen, was man meint?» Eine Gedichtsammlung, die sich mit der Schwierigkeit befaßt, der Liebe und den tiefsten Gefühlen Ausdruck zu verleihen. Die Absicht des Verfassers ist es, uns tiefere Einsichten über das Wesen von Liebesbeziehungen zu vermitteln.

Weitere wertvolle Bücher zu den gleichen Themen finden sich im Literaturverzeichnis am Ende meines Buches: *Ganz Mensch sein. Die Kunst, mit sich selbst Freundschaft zu schließen*, Goldmann New Age 14010, München.

Hinweis des Verlages

Die Zitate im Buch sind Übersetzungen der entsprechenden Passagen aus den amerikanischen Originaltiteln, die Leo Buscaglia in seiner Erstausgabe verwendet hat. Diese Übersetzungen entsprechen daher nicht dem Wortlaut der deutschen Ausgabe einiger Titel.